說文解字第三上

漢太尉祭酒許慎記

銀青光祿大夫守右散騎常侍上柱國東海縣開國子食邑五百戶臣徐鉉等奉

勑校定

五十三部　文六百三十　重百四十五

凡八千六百八十四字

文十六新附

㗊　衆口也从四口凡㗊之屬皆从㗊讀若戢　阻立切　又讀若呶

嚚　語聲也从㗊臣聲　語巾切　𡈼　古文嚚

囂　聲也气出頭上从㗊从頁頁首也　許嬌切　𡅈　囂或省

嘂　高聲也一曰大呼也从㗊丩聲春秋公羊傳曰魯昭公嘂然而哭　古弔切

𡅻　呼也从㗊莧聲讀若讙　呼官切

器　皿也象器之口犬所以守之　去冀切

文六　重二

舌　在口所以言也別味也从干从口干亦聲凡舌之屬皆从舌　徐鍇曰凡物入口必干於舌故从干　食列切

𦧇　歠也从舌沓聲　他合切

舓　以舌取食也从舌易聲　神旨切

䑛　舓或从也

文三　重一

干　犯也从反入从一凡干之屬皆从干　古寒切

𢆉　撥也从干入一為干入二為𢆉讀若能言稍甚也　如審切

屰　不順也从干下屮屰之也　魚戟切

文三

谷　口上阿也从口上象其理凡谷之屬皆从谷　其虐切

𠜱　谷或如此

臄　或从肉从豦

㐁　舌皃从谷省象形　他念切

𠕒　古文㐁讀若三年導服之導一曰竹上皮讀若沾一曰讀若誓弼字从此

文二　重二

只　語已詞也从口象气下引之形凡只之屬皆从只　諸氏切

只 語已詞也从口象气下引之形凡只之屬皆从只 [illegible]

[illegible] 文二 重[illegible]

[illegible] 㕯 言之訥也从口从内凡㕯之屬皆从㕯 [illegible]

商 [illegible] 从外知內也从㕯章省聲 [illegible]

[illegible] 文三 [illegible]

[illegible]

[illegible]

[illegible] 文[illegible] 重[illegible]

[illegible]

[illegible]

[illegible]

[illegible] 文十 [illegible]

[illegible]

十三部　文六百三十　重百四十五

[illegible]

說文解字弟三上　漢太尉祭酒許慎記

𠷎 聲也从只甹聲讀若聲呼形切

文二

㕯 言之訥也从口从内凡㕯之屬皆从㕯 女滑切

矞 以錐有所穿也从矛从㕯一曰滿有所出也余律切 商 从外知内也从㕯章省聲式陽切 商 古文商 商 亦古文商 商 籒文商

文三 重三

句 曲也从口丩聲凡句之屬皆从句 古矦切又九遇切

拘 止也从句从手句亦聲舉朱切 笱 曲竹捕魚笱也从竹从句句亦聲古厚切 鉤 曲也从金从句句亦聲古矦切

文四

丩 相糾繚也一曰瓜瓠結丩起象形凡丩之屬皆从丩 居虯切

䒤 艸之相丩者从茻从丩丩亦聲居虯切 糾 繩三合也从糸丩 居黝切

文三

古 故也从十口識前言者也凡古之屬皆从古 臣鉉等曰十口所傳是前言也公戶切 𠖠 古文古 嘏 大遠也从古叚聲古雅切

文二 重一

十 數之具也一為東西丨為南北則四方中央備矣凡十之屬皆从十 是執切

丈 十尺也从又持十 直兩切 千 十百也从十从人 此先切 肸 蠁布也从十从𣍘 臣鉉等曰𣍘振𣍘也義乙切 卙 斟卙盛也从十从甚汝南名蠶盛曰卙子入切 博 大通也从十从尃尃布也補各切 㔖 材十人也从十力聲盧則切 廿 二十并也古文省人汁切 卙 詞之卙矣从十咠聲秦入切

文九

卅 三十并也古文省凡卅之屬皆从卅 蘇沓切

世 三十年為一世从卅而曳長之亦取其聲也舒制切

文二

言 直言曰言論難曰語从口䇂聲凡言之屬皆从言 語軒切

譻 聲也从言賏聲烏莖切
謦 欬也从言殸聲殸籒文磬字去挺切
語 論也从言吾聲魚舉切
談 語也从言炎聲徒甘切
謂 報也从言胃聲于貴切
諒 信也从言京聲力讓切
詵 致言也从言从先先亦聲詩曰螽斯羽詵詵兮所臻切
請 謁也从言青聲七井切
謁 白也从言曷聲於歇切
許 聽也从言午聲虛呂切
諾 譍也从言若聲奴各切
譍 以言對也从言雁聲於證切
讎 猶䧹也从言雔聲市流切
諸 辯也从言者聲章魚切
詩 志也从言寺聲書之切
訨 古文詩省
讖 驗也从言韱聲楚蔭切
諷 誦也从言風聲芳奉切
誦 諷也从言甬聲似用切
讀 誦書也从言賣聲徒谷切
𧥛 快也从言从中於力切
訓 說教也从言川聲許運切
誨 曉教也从言每聲荒內切
譔 專教也从言巽聲此緣切
譬 諭也从言辟聲匹至切
謜 徐語也从言原聲孟子曰故源源而來魚怨切
詇 早知也从言央聲於亮切
諭 告也从言俞聲羊戍切
詖 辯論也古文以爲頗字从言皮聲彼義切
諄 告曉之孰也从言𦎫聲讀若庉章倫切
𧬄 語諄𧬄也从言犀聲直离切
詻 論訟也傳曰詻詻孔子容从言各聲五陌切
誾 和說而諍也从言門聲語巾切
謀 慮難曰謀从言某聲莫浮切
𠰔 古文謀
𢘑 亦古文
謨 議謀也从言莫聲虞書曰咎繇謨莫胡切

𧥮 古文謨从口
訪 汎謀曰訪从言方聲敷亮切
諏 聚謀也从言取聲子于切
論 議也从言侖聲盧昆切
議 語也从言義聲宜寄切
訂 平議也从言丁聲他頂切
詳 審議也从言羊聲似羊切
諟 理也从言是聲承旨切
諦 審也从言帝聲都計切
識 常也一曰知也从言戠聲賞職切
訊 問也从言卂聲思晉切
𧦝 古文訊从卤
詧 言微親詧也从言察省聲楚八切
謹 慎也从言堇聲居隱切
⿰言乃 厚也从言乃聲如乘切
諶 誠諦也从言甚聲詩曰天難諶斯是吟切
信 誠也从人从言會意息晉切
㐰 古文从言省
訫 古文信
訦 燕代東齊謂信訦从言冘聲是吟切
誠 信也从言成聲氏征切
誡 敕也从言戒聲古拜切
誋 誡也从言忌聲渠記切
諱 誋也从言韋聲許貴切
誥 告也从言告聲古到切
𢍙 古文誥
詔 告也从言从召召亦聲之紹切
誓 約束也从言折聲時制切
譣 問也从言僉聲周書曰勿以譣人息廉切
詁 訓故言也从言古聲詩曰詁訓公戶切
譪 臣盡力之美从言葛聲詩曰譪譪王多吉士於害切
誎 餔旋促也从言束聲桑谷切
諝 知也从言胥聲私呂切
証 諫也从言正聲之盛切
諫 証也从言柬聲古晏切
諗

諗 深諫也从言念聲春秋傳曰辛伯諗周桓公式荏切
課 試也从言果聲苦臥切
試 用也从言式聲虞書曰明試以功式吏切
諴 和也从言咸聲周書曰不能諴于小民胡毚切
䚻 徒歌从言肉余招切
詮 具也从言全聲此緣切
訢 喜也从言斤聲許斤切
說 說釋也从言兌一曰談說失爇切又弋雪切
計 會也筭也从言从十古詣切
諧 詥也从言皆聲戶皆切
詥 諧也从言合聲候閤切
調 和也从言周聲徒遼切
話 合會善言也从言𠯑聲傳曰告之話言胡快切
譮 籒文話从會
諈 諈諉累也从言垂聲竹寘切
諉 累也从言委聲女恚切
警 戒也从言从敬敬亦聲居影切
謐 靜語也从言𥁑聲一曰無聲也彌必切
謙 敬也从言兼聲苦兼切
誼 人所宜也从言从宜宜亦聲儀寄切
詡 大言也从言羽聲況羽切
諓 善言也从言戔聲一曰謔也慈衍切
誐 嘉善也从言我聲詩曰誐以溢我五何切
詷 共也一曰譀也从言同聲周書曰在夏后之詷徒紅切
設 施陳也从言从殳殳使人也識列切
護 救視也从言蒦聲胡故切
譞 譞慧也从言圜省聲許緣切
誧 大也一曰人相助也从言甫聲讀若逋博孤切
諰 思之意从言从思胥里切
託 寄也从言乇聲他各切
記 疏也从言己聲居吏切
譽 偁也从言與聲羊茹切
譒 敷也从言番聲商書曰王譒告之補過切
謝 辭去也从言䠶聲辭夜切
謳 齊歌也从言區聲烏侯切

詠 歌也从言永聲為命切
咏 詠或从口
諍 止也从言爭聲側迸切
評 召也从言乎聲荒烏切
謼 評謼也从言虖聲荒故切
訖 止也从言气聲居迄切
諺 傳言也从言彥聲魚變切
訝 相迎也从言牙聲周禮曰諸侯有卿訝發吾駕切
迓 訝或从辵
詣 候至也从言旨聲五計切
講 和解也从言冓聲古項切
謄 迻書也从言朕聲徒登切
訒 頓也从言刃聲論語曰其言也訒而振切
訥 言難也从言从內內骨切
謯 謯娽也从言虘聲側加切
⿰言伿 待也从言伿聲讀若餥胡禮切
譥 痛呼也从言敫聲古弔切
譊 恚呼也从言堯聲女交切
謍 小聲也从言熒省聲詩曰營營青蠅余傾切
諎 大聲也从言昔聲讀若笮壯革切
唶 諎或从口
諛 諂也从言臾聲羊朱切
讇 諛也从言閻聲丑琰切
諂 讇或省
諼 詐也从言爰聲況袁切
謷 不肖人也从言敖聲一曰哭不止悲聲謷謷五牢切
訹 誘也从言朮聲思律切
訑 沇州謂欺曰訑从言它聲託何切
謾 欺也从言曼聲母官切
譇 譇拏羞窮也从言奢聲陟加切
⿰言作 慙語也从言作聲鉏駕切
謺 謺讘也从言執聲之涉切
謰 謰謱也从言連聲力延切
謱 謰謱也从言婁聲陟侯切
詒 相欺詒也一曰遺也从言台聲與之切
謲 相怒使也从言參聲倉南切
誑 欺也从言狂聲居況切
譺 騃也从言

疑聲。五介切

⿰言畀 相誤也。从言畀聲。古罵切

訕 謗也。从言山聲。所晏切

譏 誹也。从言幾聲。居衣切

誣 加也。从言巫聲。武扶切

誹 謗也。从言非聲。敷尾切

謗 毀也。从言旁聲。補浪切

譸 詶也。从言壽聲。讀若醻。周書曰：無或譸張爲幻。張流切

詶 譸也。从言州聲。市流切

詛 詶也。从言且聲。莊助切

⿰言由 詶也。从言由聲。直又切

誃 離別也。从言多聲。讀若論語跢予之足。周景王作洛陽誃臺。尺氏切

誖 亂也。从言孛聲。蒲沒切

悖 誖或从心。

⿰言⿱或或 籀文誖从二或。

䜌 亂也。一曰治也。一曰不絕也。从言絲。呂員切

𢆶 古文䜌。

誤 謬也。从言吳聲。五故切

詿 誤也。从言圭聲。古賣切

誒 可惡之辭。从言矣聲。一曰誒然。春秋傳曰：誒誒出出。許其切

譆 痛也。从言喜聲。火衣切

詯 膽气滿聲在人上。从言自聲。讀若反目相睞。荒內切

謧 謧詍，多言也。从言离聲。呂之切

詍 多言也。从言世聲。詩曰：無然詍詍。余制切

訿 不思稱意也。从言此聲。詩曰：翕翕訿訿。將此切

䛬 往來言也。一曰小兒未能正言也。一曰祝也。从言匋聲。大牢切

⿰言包 䛬或从包。

⿰言冄 ⿰言冄⿰言冄多語也。从言冄聲。樂浪有⿰言冄邯縣。汝閻切

⿰言遝 語相反⿰言遝也。从言遝聲。他合切

誻 ⿰言遝誻也。从言沓聲。徒合切

訮 諍語訮訮也。从言开聲。呼堅切

讗 言壯皃。一曰數相怒也。从言巂聲。讀若畫。呼麥切

訇 騃言聲。从言勻省聲。漢中西城有訇鄉。又讀若玄。虎橫切

⿰言⿱勹匀 籀文不省。

諞 便巧言也。从言扁聲。周書曰：截截善諞言。論語曰：友諞佞。部田切

⿰言頻 匹也。从言頻聲。符眞切

⿰言口 扣也。如求婦先言叕之。从言从口，口亦聲。苦后切

⿰言兒 言相說司也。从言兒聲。女家切

誂 相呼誘也。从言兆聲。徒了切

譄 加也。从言从曾聲。作滕切

詄 忘也。从言失聲。徒結切

諅 忌也。从言其聲。周書曰：上不諅于凶德。渠記切

譀 誕也。从言敢聲。下闞切

𧩃 俗譀从忘。

誇 譀也。从言夸聲。苦瓜切

誕 詞誕也。从言延聲。徒旱切

𧬘 籀文誕省正。

⿰言萬 譀也。从言萬聲。莫話切

謔 戲也。从言虐聲。詩曰：善戲謔兮。虛約切

詪 眼戾也。从言皀聲。乎懇切

訌 讀也。从言工聲。詩曰：蟊賊內訌。戶工切

⿰言貴 中止也。从言貴聲。司馬法曰：師多則人⿰言貴。⿰言貴，止也。胡對切

⿰言歲 聲也。从言歲聲。詩曰：有⿰言歲其聲。呼會切

諣 疾言也。从言咼聲。呼卦切

⿰言雖 譟也。从言雖聲。杜回切

譟 擾也。从言喿聲。蘇到切

訆 大呼也。从言丩聲。春秋傳曰：或訆于宋大廟。古弔切

諕 號也。从言从虎。乎刀切

讙 譁也。从言雚聲。呼官切

譁 讙也。从言華聲。呼瓜切

謣 妄言也。从言雩聲。羽俱切

⿰言荂 謣或从荂。

譌 譌言也。从言爲聲。詩曰：民之譌言。五禾切

詿 誤也。从言，佳省聲。古賣切

誤 謬也。从言吳聲。五故切

謬 狂者之妄言也。从言翏聲。靡幼切

詤 夢言也。从言巟聲。呼光切

⿰言暴 大呼自勉也。从言，暴省聲。蒲角切

訬 訬擾也。一曰訬獪。从言少聲。讀

若毚楚交切
諆 欺也从言其聲去其切
譎 權詐也益梁曰謬欺天下曰譎从言矞聲古穴切
詐 欺也从言乍聲側駕切
訏 詭譌也从言于聲一曰訏𧦝齊楚謂信曰訏況于切
謷 咨也一曰痛惜也从言差聲子邪切
讋 失气言一曰不止也从言龖省聲傅毅讀若慴之涉切
𧮩 籀文讋不省
謵 言謵讋也从言習聲秦入切
䛩 相毀也从言亞聲一曰畏亞宛古切
譢 相毀也从言隨省聲雖遂切
⿰言闒 譶也从言闒聲徒盍切
詾 說也从言匈聲許容切
訩 或省
䛔 詾或从兇
訟 爭也从言公聲曰謌訟似用切
𧦮 古文訟
謓 恚也从言眞聲賈侍中說謓笑一曰讀若振昌眞切
讘 多言也从言聶聲河東有狐讘縣之涉切
訶 大言而怒也从言可聲虎何切
⿰言臣 訐也从言臣聲讀若指職雉切
訐 面相斥罪相告訐也从言干聲居謁切
訴 告也从言斥省聲論語曰訴子路於季孫臣鉉等曰斥非聲蓋古之字音多與今異如皀亦音香釁亦音門乃亦音仍他皆放此古今失傳不可詳究桑故切
𧦅 訴或从言朔
愬 訴或从朔心
譖 愬也从言朁聲莊陰切
讒 譖也从言毚聲士咸切
譴 謫問也从言遣聲去戰切
謫 罰也从言啻聲陟革切
諯 數也一曰相讓也从言耑聲讀若專尺絹切
讓 相責讓从言襄聲人漾切
譙 嬈譊也从言焦聲讀若噍才肖切
誚 古文譙从肖周書曰亦未敢誚公
誎 數諫也从言朿聲七賜切
誶 讓也从言卒聲國語曰誶申胥雖遂切
詰 問也从言吉聲去吉切
⿰言望 責望也从言望聲巫放切
詭 責也从言危聲過委切
證 告也从言登聲諸應切
詘 詰詘也一曰屈襞从言出聲區勿切
誳 詘或从屈
⿰言夗 尉也从言夗聲於願切
詗 知處告言之从言冋聲朽正切
讂 流言也从言夐聲火縣切
詆 苛也一曰訶也从言氐聲都禮切
誰 何也从言隹聲示隹切
諽 飾也一曰更也从言革聲讀若戒古覈切
讕 怟讕也从言闌聲洛干切
譋 讕或从閒
診 視也从言㐱聲直刃切又之忍切
⿰言斯 悲聲也从言斯省聲先稽切
訧 罪也从言尤聲周書曰報以庶訧羽求切
誅 討也从言朱聲陟輸切
討 治也从言从寸他皓切
諳 悉也从言音聲烏含切
讄 禱也累功德以求福論語云讄曰禱尔于上下神祇从言纍省聲力軌切
𧬅 或不省
諡 行之迹也从言兮皿闕徐鍇曰兮聲也神至切
誄 諡也从言耒聲力軌切
謑 恥也从言奚聲胡禮切
𧪹 謑或从奊
詬 謑詬恥也从言后聲呼寇切
訽 詬或从句
諜 軍中反閒也从言枼聲徒叶切
該 軍中約也从言亥聲讀若心中滿該古哀切
譯 傳譯四夷之言者从言睪聲羊昔切
訄 迫也从言九聲讀若求巨鳩切
謚 笑皃从言益聲

業 大版也所以飾縣鍾鼓捷業如鋸齒以白畫之象其鉏鋙相承也从丵从巾巾象版詩曰巨業維樅魚怯切 𤀿 古文業

叢 聚也从丵取聲徂紅切 對 𤕭無方也从丵从口从寸都隊切 對 對或从士漢文帝以爲責對而爲言多非誠對故去其口以从士也

文四 重二

菐 瀆菐也从丵从廾廾亦聲凡菐之屬皆从菐 臣鉉等曰瀆讀爲煩瀆之瀆一本注云丵衆多也兩手奉之是煩瀆也蒲沃切

僕 給事者从人从菐菐亦聲蒲沃切 䑑 古文从臣

㯷 賦事也从菐从八八分之也八亦聲讀若頒一曰讀若非布還切

文三 重一

廾 竦手也从𠂇从又凡廾之屬皆从廾 居竦切今變隸作廾

𠬞 揚雄說廾从兩手

奉 承也从手从廾丰聲扶隴切 丞 翊也从廾从卪从山山高奉承之義署陵切 奐 取奐也一曰大也从廾夐省臣鉉等曰夐營求也取之義也呼貫切

弇 蓋也从廾从合古南切又一儉切 𢍉 古文弇 𢍰 引給也从廾睪聲羊益切

畁 舉也从廾甶聲春秋傳曰晉人或以廣墜楚人畁之黃顥說廣車陷楚人爲舉之杜林以爲騏麟字渠記切 异 舉也从廾㠯聲虞書曰岳曰异哉羊吏切

弄 玩也从廾持玉盧貢切 𢍏 兩手盛也从廾𢍏聲余六切 𢍜 摶飯也从廾釆聲釆古文辦字讀若書卷居券切

𢍝 持弩拊从廾肉讀若逵臣鉉等曰从肉未詳渠追切 戒 警也从廾持戈以戒不虞居拜切

兵 械也从廾持斤并力之皃補明切 𠒆 古文兵从人廾干 𢍻 籒文 龔 愨也从廾龍聲紀庸切

弈 圍棊也从廾亦聲論語曰不有博弈者乎羊益切 具 共置也从廾从貝省古以貝爲貨其遇切

文十七 重四

𠬜 引也从反廾凡𠬜之屬皆从𠬜 普班切今變隸作大

𢺕 𠬜或从手从樊 樊 鷙不行也从𠬜从棥棥亦聲附袁切 𤔷 樊也从𠬜䜌聲呂員切

文三 重一

共 同也从廿廾凡共之屬皆从共 渠用切

𠔏 古文共 龔 給也从共龍聲俱容切

文二 重一

[illegible] 文二 重一

[illegible]

文三 重一

[illegible]

文十七 重四

[illegible]

文二 重一

[illegible]

文三 重一

[illegible]

文二 重一

[illegible]

異 分也从廾从畀畀予也凡異之屬皆从異 徐鍇曰將欲與物先分異之也禮曰賜君子小人不同日羊吏切

戴 分物得增益曰戴从異𢦏聲都代切 𢍰 籒文戴

文二　重一

舁 共舉也从臼从廾凡舁之屬皆从舁讀若余 以諸切

䢅 升高也从舁囟聲七然切 䢅 䢅或从卩 䢅 古文䢅

與 黨與也从舁从与余呂切 与 古文與

興 起也从舁从同同力也虛陵切

文四　重三

臼 叉手也从E彐凡臼之屬皆从臼 居玉切

要 身中也象人要自臼之形从臼交省聲於消切又於笑切 要 古文要

文二　重一

晨 早昧爽也从臼从辰辰時也辰亦聲丮夕爲㚅臼辰爲晨皆同意凡晨之屬皆从晨 食鄰切

農 耕也从晨囟聲 徐鍇曰當从凶乃得聲 奴冬切 𨐍 籒文農从林 農 古文農 農 亦古文農

文二　重三

爨 齊謂之炊爨臼象持甑冂爲竈口廾推林內火凡爨之屬皆从爨 七亂切

爨 籒文爨省

𦦟 所以枝鬲者从爨省鬲省渠容切

釁 血祭也象祭竈也从爨省从酉酉所以祭也从分分亦聲 臣鉉等曰分布也虛振切

文三　重一

說文解字弟三上

之鏗古文以爲賢字苦閑切

緊 纏絲急也从臤从絲省糾忍切 堅 剛也从臤从土古賢切 豎 豎立也从臤豆聲臣庾切 𧯠 籀文豎从殳

文四 重一

臣 牽也事君也象屈服之形凡臣之屬皆从臣植鄰切

臦 乖也从二臣相違讀若誑居況切 臧 善也从臣戕聲則郎切 𦣟 籀文

文三 重一

殳 以杸殊人也禮殳以積竹八觚長丈二尺建於兵車旅賁以先驅从又几聲凡殳之屬皆从殳市朱切

祋 殳也从殳示聲或說城郭市里高縣羊皮有不當入而欲入者暫下以驚牛馬曰祋故从示殳詩曰何戈與祋丁外切 杸 軍中士所持殳也从木从殳司馬法曰執羽从杸市朱切 毄 相擊中也如車相擊故从殳从軎古歷切 㱿 从上擊下也一曰素也从殳青聲苦角切青苦江切 𣪍 下擊上也从殳冘聲知朕切 𣪘 繇擊也从殳豆聲古文投如此度侯切 𣪔 縣物毄擊从殳𠷎聲市流切 𣪙 椎毄物也从殳豕聲冬毒切 毆 捶毄物也从殳區聲烏后切 𣪠 擊頭也从殳高聲口卓切 殿 擊聲也从殳屍聲堂練切 殹 擊中聲也从殳医聲於計切 段 椎物也从殳耑省聲徒玩切 𣪏 擊空聲也从殳宮聲徒冬切又火宮切 殽 相雜錯也从殳肴聲胡茅切 毅 妄怒也一曰有決也从殳豙聲魚既切 𣪕 揉屈也从殳从皀皀古文叀字廏字从此臣鉉等曰叀小謹也亦屈服之意居又切 役 戍邊也从殳从彳臣鉉等曰彳步也彳亦聲營隻切 𠈌 古文役从人 㱾 毅改大剛卯也以逐精鬼从殳亥聲古哀切

文二十 重一

殺 戮也从殳杀聲凡殺之屬皆从殺臣鉉等曰說文無杀字相傳云音察未知所出所八切

文二十　重一

文四　重一

𣀔 古文殺 𢼛 古文殺 杀 古文殺 弑 臣殺君也易曰臣弑其君从殺省式聲式吏切

文二　重四

𠘧 鳥之短羽飛𠘧𠘧也象形凡𠘧之屬皆从𠘧讀若殊 市朱切

㐱 新生羽而飛也从𠘧从彡之忍切 鳧 舒鳧鶩也从鳥𠘧聲房無切

文三

寸 十分也人手卻一寸動𧖴謂之寸口从又从一凡寸之屬皆从寸 倉困切

寺 廷也有法度者也从寸之聲祥吏切 將 帥也从寸牆省聲即諒切 尋 繹理也从工从口从又从寸工口亂也又寸分理之彡聲此與𤸫同意度人之兩臂爲尋八尺也徐林切 專 六寸簿也从寸叀聲一曰專紡專職緣切 尃 布也从寸甫聲芳無切

導 導引也从寸道聲徒皓切

文七

皮 剝取獸革者謂之皮从又爲省聲凡皮之屬皆从皮 符羈切

𠘫 古文皮 𠬳 籀文皮 皰 面生气也从皮包聲旁教切 皯 面黑气也从皮干聲古旱切

文二　重二

皸 足坼也从皮軍聲矩云切 皴 皮細起也从皮夋聲七倫切

文二　新附

甍 柔韋也从北从皮省从敻省凡甍之屬皆从甍讀若耎一曰若雋 臣鉉等曰北者反覆柔治之也敻營也而兖切

𠬶 古文甍 𤿭 籀文甍从敻省 皾 羽獵韋絝从甍灷聲而隴切 褎 或从衣从朕虞書曰鳥獸褎毛

文三　重二

攴 小擊也从又卜聲凡攴之屬皆从攴 普木切

[illegible]

文三　重二

[illegible]

文二

[illegible]

文二　重二

[illegible]

文七

[illegible]

文二

[illegible]

文二　重四

[illegible]

啟教也从攴启聲論語曰不憤不啓康礼切徹通也从彳从攴从育丑列切𢕘古文徹肇擊也从攴
肇省聲治小切敏疾也从攴每聲眉殞切敃彊也从攴民聲眉殞切敄彊也从攴矛聲亡遇切敀迮也
从攴白聲周書曰常敀常任博陌切整齊也从攴从束从正正亦聲之郢切效象也从攴交聲胡教切故
使爲之也从攴古聲古慕切政正也从攴从正正亦聲之盛切𢻫敷也从攴也聲讀與施同式支切敷𢻫也
从攴尃聲周書曰用敷遺後人芳无切敟主也从攴典聲多殄切𢿋數也从攴麗聲力米切數計也从攴
婁聲所矩切𢿤辟漱鐵也从攴从湅郎電切孜汲汲也从攴子聲周書曰孜孜無怠子之切攽分也从攴
分聲周書曰乃惟孺子攽亦讀與彬同布還切𢼎止也从攴旱聲周書曰𢼎我于艱侯旰切敳有所治也从攴豈聲讀若
豤五來切敞平治高土可以遠望也从攴尚聲昌兩切敒理也从攴伸聲直刃切改更也从攴己李陽冰曰已有過
攴之即改古亥切變更也从攴䜌聲祕戀切更改也从攴丙聲古孟切又古行切敕誡也臿地曰敕从攴
東聲恥力切𢼀使也从攴耴省聲而涉切斂收也从攴僉聲良冉切敹擇也从攴𡨄聲周書曰敹乃甲
胄洛蕭切敿繫連也从攴喬聲周書曰敿乃干讀若矯居夭切敆合會也从攴从合合亦聲古沓切

敶列也从攴陳聲直刃切敵仇也从攴啻聲徒歷切救止也从攴求聲居又切敓彊取也周
書曰敓攘矯虔从攴兌聲徒活切斁解也从攴睪聲詩云服之無斁斁猒也一曰終也羊益切赦置也从攴赤聲
始夜切𢼸赦或从亦攸行水也从攴从人水省徐鍇曰攴入水所杖也以周切㳊秦州石繹山文攸字如此
𢼂撫也从攴亾聲讀與撫同芳武切敉撫也从攴米聲周書曰亦未克敉公功讀若弭緜婢切侎敉或从人
敡侮也从攴从易易亦聲以豉切𢾺戾也从攴韋聲羽非切敦怒也詆也一曰誰何也从攴𦎧聲都昆切又丁
回切𢿙朋侵也从攴从羣羣亦聲渠云切敗毀也从攴貝敗賊皆从貝會意薄邁切𣪉籀文敗从賏
𢿢煩也从攴从𤔔𤔔亦聲郎段切寇暴也从攴从完徐鍇曰當其完聚而欲寇之苦候切𢽾刺也从攴蚩聲豬几切𢾁
閉也从攴度聲讀若杜徒古切剫𢾁或从刀敜塞也从攴念聲周書曰敜乃穽奴叶切𢿑盡也从攴畢
聲卑吉切收捕也从攴丩聲式州切鼓擊鼓也从攴从壴壴亦聲公戶切攷敂也从攴丂聲苦浩切

[illegible]

㪃 擊也从攴句聲讀若扣苦候切 攻 擊也从攴工聲古洪切 敲 橫擿也从攴高聲口交切 𣀂 擊也从攴豖聲竹角切 𢼜 放也从攴圭聲迋往切 𢽾 坼也从攴从厂厂之性坼果孰有味亦坼故謂之𢽾从未聲徐鍇曰厂厓也許其切 斀 去陰之刑也从攴蜀聲周書曰刖劓斀黥竹角切 𢽳 貪也从攴昬聲周書曰𢽳不畏死眉殞切 敔 禁也一曰樂器椌楬也形如木虎从攴吾聲魚舉切 敤 研治也从攴果聲舜女弟名敤首苦果切 鈙 持也从攴金聲讀若琴巨今切 𢿉 棄也从攴𠷎聲周書以爲討詩云無我𢿉兮市流切 畋 平田也从攴田周書曰畋尒田待年切 攺 毅攺大剛卯以逐鬼鬼也从攴巳聲讀若巳古亥切 敘 次弟也从攴余聲徐呂切 𢻻 毀也从攴卑聲辟米切 𢾍 戰也从攴見聲五計切 牧 養牛人也从攴从牛詩曰牧人乃夢莫卜切 𢻨 擊馬也从攴朿聲楚革切 𢿎 小舂也从攴算聲初絭切 𢾾 𣁝田也从攴堯聲牽遙切

文七十七　重六

教 上所施下所效也从攴从孝凡教之屬皆从教 古孝切

𢽫 古文教 𢼂 亦古文教 斅 覺悟也从教从冂冂尚矇也臼聲胡覺切 學 篆文斅省

文二　重二

卜 灼剝龜也象炙龜之形一曰象龜兆之從橫也凡卜之屬皆从卜 博木切

𠁽 古文卜 卦 筮也从卜圭聲臣鉉等曰圭字聲不相近當从桂省聲古壞切 卟 卜以問疑也从口卜讀與稽同書云卟疑古兮切 貞 卜問也从卜貝以爲贄一曰鼎省聲京房所說陟盈切 𠧩 易卦之上體也商書曰貞曰𠧩从卜每聲荒內切 占 視兆問也从卜从口職廉切 𠧪 卜問也从卜召聲市沼切 兆 灼龜坼也从卜兆象形治小切 𠁡 古文兆省

文八　重二

用 可施行也从卜从中衛宏說凡用之屬皆从用 臣鉉等曰卜中乃可用也余訟切

用 古文用 甫 男子美稱也从用父父亦聲方矩切 庸 用也从用从庚庚更事也易曰先庚三日余封切

葡 具也从用苟省臣鉉等曰苟急敕也會意平秘切 甯 所願也从用寧省聲乃定切

文五 重一

爻 交也象易六爻頭交也凡爻之屬皆从爻胡茅切

棥 藩也从爻从林詩曰營營青蠅止于棥附袁切

文二

㸚 二爻也凡㸚之屬皆从㸚力几切

爾 麗爾猶靡麗也从冂从㸚其孔㸚尒聲此與爽同意兒氏切 爽 明也从㸚从大疏兩切 𡙁 篆文爽

文三 重一

說文解字第三下

說文解字弟四上　漢太尉祭酒許慎記

銀青光祿大夫守右散騎常侍上柱國東海縣開國子食邑五百戶臣徐鉉等奉

敕校定

四十五部　文七百四十八　重百一十二

凡七千六百三十八字

文二十四新附

𡕥 舉目使人也从攴从目凡𡕥之屬皆从𡕥讀若颰 火劣切

夐 營求也从𡕥从人在穴上商書曰高宗夢得說使百工夐求得之傅巖巖穴也徐鍇曰人與目隔穴經營而見之然後指使以求之攴所指也朽正切

閺 低目視也从𡕥門聲弘農湖縣有閺鄉汝南西平有閺亭無分切 𡕧 大視也从大𡕥讀若齤況晚切

文四

目 人眼象形重童子也凡目之屬皆从目 莫六切 𡇢 古文目

眼 目也从目艮聲五限切 ⿰目瞏 兒初生瞥者从目瞏聲邦免切 眩 目無常主也从目玄聲黃絢切 眥 目匡也从目此聲在詣切

䀹 目旁毛也从目夾聲子葉切 ⿰目縣 盧童子也从目縣聲胡畎切 瞦 目童子精也从目喜聲讀若禧許其切 矏 目旁薄緻宀宀也从目臱聲武延切

䁊 大目也从目非聲芳微切 ⿰目臤 大目也从目臤聲侯簡切 睅 大目也从目旱聲戶版切 睆 睅或从完

⿰目爰 大目也从目爰聲況晚切 瞞 平目也从目㒼聲母官切 睴 大目出也从目軍聲古鈍切 矕 目矕矕也从目䜌聲武版切

睔 目大也从目侖春秋傳有鄭伯睔古本切 盼 詩曰美目盼兮从目分聲匹莧切 盰 目多白也一曰張目也从目干聲古旱切

眅 多白眼也从目反聲春秋傳曰鄭游眅字子明普班切 睍 出目也从目見聲胡典切 矔 目多精也从目雚聲益州謂瞋目曰矔古玩切

瞵 目精也从目粦聲力珍切 窅 深目也从穴中目烏皎切 眊 目少精也从目毛聲虞書耄字从此亡報切

矘 目無精直視也从目黨聲他朗切 睒 暫視皃从目炎聲讀若白蓋謂之苫相似失冉切 眮 吳楚謂瞋目顧視曰眮从目同聲徒弄切

⿰目必 直視也从目必聲讀若詩云泌彼泉水兵媚切 瞴 瞴婁微視也从目無聲莫浮切 ⿰目幵 蔽人視也从目幵聲

[illegible]

文二十四 [illegible]

[illegible]

讀若攜手一曰直視也又苦兮切 𥄎 𥄎或在下 睌 晚聓目視皃从目免聲武限切 眂 眂皃从目氏聲承旨切 睨 衺視也从
目兒聲研計切 䁎 低目視也从目冒聲周書曰武王惟䁎亡保切 眓 視高皃从目戉聲讀若詩曰施罛濊濊呼哲切 眈 視近而志
遠从目冘聲易曰虎視眈眈丁含切 𥆝 相顧視而行也从目从延延亦聲于線切 盱 張目也从目于聲一曰朝鮮謂盧童子曰盱況于切 睘
目驚視也从目袁聲詩曰獨行睘睘渠營切 䁴 視而止也从目亶聲旨善切 𥄗 目冥遠視也从目勿聲一曰久也一曰旦明也莫佩切 眕
目有所恨而止也从目㐱聲之忍切 瞟 瞭也从目票聲敷紹切 䀏 察也从目祭聲戚細切 睹 見也从目者聲當古切 覩
古文从見 眔 目相及也从目从隶省徒合切 睽 目不相聽也从目癸聲苦圭切 眛 目不明也从目末聲莫撥切 𥌠 轉目視也从目
般聲薄官切 𥌩 小兒白眼也从目辡聲蒲莧切 𥄲 目財視也从目𠂢聲莫獲切 䁱 失意視也从目脩聲他歷切 䁺 謹鈍
目也从目𦎫聲之閏切 瞤 目動也从目閏聲如勻切 矉 恨張目也从目賓聲詩曰國步斯矉符真切 𥈠 目無明也从目夗聲一丸切 睢
仰目也从目隹聲許惟切 旬 目搖也从目勻省聲黃絢切 眴 旬或从旬 矆 大視也从目蒦聲許縛切 睦 目順也从目坴聲一曰敬和也
莫卜切 𡴎 古文睦 瞻 臨視也从目詹聲職廉切 瞀 氐目謹視也从目敄聲莫候切 𥉮 小視也从目買聲莫佳切 𥌛

視也从目監聲古銜切 䁈 省視也从目啓省聲苦系切 相 省視也从目从木易曰地可觀者莫可觀於木詩曰相鼠有皮息良切 瞋
張目也从目眞聲昌真切 䀢 祕書瞋从戌 瞗 目孰視也从目鳥聲讀若雕都僚切 睗 目疾視也从目易聲施隻切 睊
視皃从目肙聲於絢切 䁥 目深皃从目窅讀若易曰勿卹之卹於悅切 䁆 迎視也从目是聲讀若珥瑱之瑱他計切 𥈦 目相戲也
从目晏聲詩曰𥈦婉之求於殄切 䁐 短深目皃从目取聲烏括切 眷 顧也从目𠔉聲詩曰乃眷西顧居倦切 督 察也一曰目痛
也从目叔聲冬毒切 睎 望也从目稀省聲海岱之間謂眄曰睎香衣切 看 睎也从手下目苦寒切 𥉯 看或从倝 瞫 深視
也一曰下視也又竊見也从目覃聲式荏切 睡 坐寐也从目垂是僞切 瞑 翕目也从目冥冥亦聲臣鉉等曰今俗別作眠非是武延切 眚
目病生翳也从目生聲所景切 瞥 過目也又目翳也从目敝聲一曰財見也普滅切 眵 目傷眥也从目多聲一曰瞢兜叱支切 𥈬 目眵
也从目蔑省聲莫結切 䀗 涓目也从目夬聲臣鉉等曰當从決省古穴切 𥆧 目病也从目良聲力讓切 眛 目不明也从目未聲莫佩切 瞯
戴目也从目閒聲江淮之間謂眄曰瞯戶閒切 眯 艸入目中也从目米聲莫禮切 眺 目不正也从目兆聲他弔切 睞 目童
子不正也从目來聲洛代切 睩 目睞謹也从目彔聲讀若鹿盧谷切 𥈥 眣也从目攸聲敕鳩切 䀺 𥈥或从丩 䀹

目不正也从目失聲丑栗切　矇　童矇也一曰不明也从目蒙聲莫中切　眇　一目小也从目从少少亦聲亡沼切　眄　目偏合也一曰衺視也秦語从目丏聲莫甸切　䀏　睇也从目各聲盧各切　盲　目無牟子从目亡聲武庚切　䁍　目陷也从目咸聲苦夾切　瞽　目但有眹也从目鼓聲公戶切　瞍　無目也从目叜聲穌后切　䁝　惑也从目榮省聲戶扃切　睉　目小也从目坐聲臣鉉等曰案尚書元首叢脞哉叢脞猶細碎也今从肉非是昨禾切　𥄎　捾目也从目叉烏括切　睇　目小視也从目弟聲南楚謂眄曰睇特計切　瞚　開闔目數搖也从目寅聲臣鉉等曰今俗別作瞬非是舒閏切　眙　直視也从目台聲丑吏切　眝　長眙也一曰張目也从目宁聲陟呂切　盻　恨視也从目兮聲胡計切　䀢　目不明也从目弗聲普末切

文百十三　重八

瞼　目上下瞼也从目僉聲居奄切　眨　動目也从目乏聲側洽切　眭　深目也亦人姓从目圭聲許規切　眹　目精也从目灷聲案勝字賸字从朕聲疑古以朕為眹直引切　眸　目童子也从目牟聲說文直作牟莫浮切　睚　目際也从目厓五隘切　文六　新附

䀠　左右視也从二目凡䀠之屬皆从䀠讀若拘又若良士瞿瞿九遇切

𥄕　目圍也从䀠丿讀若書卷之卷古文以為醜字居倦切　𥅀　目衺也从䀠从大大人也舉朱切　文三

眉　目上毛也从目象眉之形上象頟理也凡眉之屬皆从眉武悲切　省　視也从眉省从屮臣鉉等曰屮通識也所景切　𡹷　古文从少从囧　文二　重一

盾　瞂也所以扞身蔽目象形凡盾之屬皆从盾食閏切　瞂　盾也从盾犮聲扶發切　𡏟　盾握也从盾圭聲苦圭切　文三

自　鼻也象鼻形凡自之屬皆从自疾二切　𦣹　古文自　𦤎　宮不見也闕武延切　文二　重一

白　此亦自字也省自者詞言之气从鼻出與口相助也凡白之屬皆从白疾二切

皆 [illegible] 魯 [illegible] 者 [illegible]

[illegible] 智 [illegible] 百 十十也 从一白 [illegible]

古文百 从自 文七 重二

鼻 引气自畀也 从自畀 凡鼻之屬皆从鼻

齅 [illegible] 鼾 [illegible] 鼽 [illegible]

[illegible]

文五

皕 二百也 凡皕之屬皆从皕 讀若祕

奭 [illegible]

文二 重一

習 數飛也 从羽从白 凡習之屬皆从習

翫 [illegible]

文二

羽 鳥長毛也 象形 凡羽之屬皆从羽

[illegible]

也从羽歲聲詩曰鳳皇于飛翽翽其羽呼會切 翯 鳥白肥澤皃从羽高聲詩云白鳥翯翯胡角切 𦏺 樂舞以羽翿自翳其首以祀星
辰也从羽王聲讀若皇胡光切 翇 樂舞執全羽以祀社稷也从羽犮聲讀若紱分勿切 翿 翳也所以舞也从羽𣪘聲詩曰左執翿徒到切
翳 華蓋也从羽殹聲於計切 翣 棺羽飾也天子八諸侯六大夫四士二下垂从羽妾聲山洽切 文三十四 重一
翻 飛也从羽番聲或从飛孚袁切 翎 羽也从羽令聲郎丁切 翃 飛聲从羽工聲戶公切 文三 新附

隹 鳥之短尾總名也象形凡隹之屬皆从隹 職追切

雅 楚烏也一名鸒一名卑居秦謂之雅从隹牙聲五下切又烏加切 隻 鳥一枚也从又持隹持一
隹曰隻二隹曰雙之石切 雒 鵋鵙也从隹各聲盧各切 閵 今閵似鴝鵒而黃从隹両省聲良刃切 閵 籀文不省 巂
周燕也从隹屮象其冠也冏聲一曰蜀王望帝婬其相妻慙亡去爲子巂鳥故蜀人聞子巂鳴皆起云望帝戶圭切 䧿 鳥也从隹方聲讀
若方府良切 雀 依人小鳥也从小隹讀與爵同即略切 雓 鳥也从隹犬聲睢陽有雓水五加切 雗 雗鷽也从隹倝聲侯幹切
雉 有十四種盧諸雉喬雉鳪雉鷩雉秩秩海雉翟山雉翰雉卓雉伊洛而南曰翬江淮而南曰搖南方曰𠷎東方曰甾北方曰稀西方曰蹲

从隹矢聲直几切 ⿰弟隹 古文雉从弟 雊 雄雌鳴也雷始動雉鳴而雊其頸从隹从句句亦聲古侯切 雞 知時畜也从隹
奚聲古兮切 鷄 籀文雞从鳥 雛 雞子也从隹芻聲士于切 鶵 籀文雛从鳥 雡 鳥大雛也从隹翏聲一曰雉之
莫子爲雡力救切 離 黃倉庚也鳴則蠶生从隹离聲呂支切 雕 鷻也从隹周聲都僚切 鵰 籀文雕从鳥 䧹
鳥也从隹瘖省聲或从人人亦聲徐鍇曰鷹隨人所指蹤故从人於凌切 鷹 籀文䧹从鳥 䧳 𨾴也从隹氐聲處脂切 鴟 籀文䧳从
鳥 𨾴 䧳也从隹垂聲是偽切 雃 石鳥一名雝渠一曰精列从隹幵聲春秋傳秦有士雃苦堅切 雝 雝𪆂也从隹邕聲於容切
雂 鳥也从隹今聲春秋傳有公子苦雂巨淹切 雁 鳥也从隹从人厂聲讀若鴈臣鉉等曰雁知時鳥大夫以爲摯昏禮用之故从人五晏切
⿰黎隹 ⿰黎隹黃也从隹黎聲一曰楚雀也其色黎黑而黃郎兮切 雐 鳥也从隹虍聲荒烏切 ⿰奴隹 牟毋也从隹奴聲人諸切 ⿰奴鳥
⿰奴隹或从鳥 雇 九雇農桑候鳥扈民不婬者也从隹戶聲春雇鳻盾夏雇竊玄秋雇竊藍冬雇竊黃棘雇竊丹行雇唶唶宵雇嘖嘖桑雇竊
脂老雇鷃也侯古切 ⿰雩隹 雇或从雩 鳸 籀文雇从鳥 ⿰𦎫隹 䳡屬从隹𦎫聲常倫切 ⿰酓隹 䳡屬从隹酓聲恩含
切 ⿰酓鳥 籀文⿰酓隹从鳥 ⿰支隹 鳥也从隹支聲一曰雄度章移切 䧆 鳥肥大䧆䧆也从隹工聲戶工切 鳿 䧆或从鳥

切 羍 小羊也从羊大聲讀若達 他末切 𦍒 羍或省

挑 羊未卒歲也从羊兆聲或曰夷羊百斤左右爲挑讀若春秋盟于洮 治小切 羝 牡羊也从羊氐聲 都兮切

羒 牂羊也从羊分聲 符分切 牂 牡羊也从羊爿聲 則郎切 羭 夏羊牡曰羭从羊俞聲 羊朱切 羖 夏羊牡曰羖从羊殳聲 公戶切

羯 羊羖犗也从羊曷聲 居謁切 羠 騬羊也从羊夷聲 徐姊切 羳 黃腹羊从羊番聲 附袁切 羥 羊名从羊巠聲 口莖切

䍮 羊名从羊執聲汝南平輿有䍮亭讀若晉 即刃切 羸 瘦也从羊㬎聲 力爲切 䍯 羊相𧗿也从羊委聲 於偽切

羵 羊相積也从羊責聲 子賜切 羣 輩也从羊君聲 渠云切 [illegible]

美 甘也从羊从大羊在六畜主給膳也美與善同意 無鄙切

羌 西戎牧羊人也从人从羊羊亦聲南方蠻閩从虫北方狄从犬東方貉从豸西方羌从羊此六種也西南僰人僬僥从人蓋在坤地頗有順理之性唯東夷从大大人也夷俗仁仁者壽有君子不死之國孔子曰道不行欲之九夷乘桴浮於海有以也 去羊切 𦍋 古文羌如此 羑 進善也从羊久聲文王拘羑里在湯陰 與久切

文二十六 重二

羴 羊臭也从三羊凡羴之屬皆从羴 式連切

羶 羴或从亶 羼 羊相廁也从羴在尸下尸屋也一曰相出前也 初限切

文二 重一

瞿 鷹隼之視也从隹从䀠䀠亦聲凡瞿之屬皆从瞿讀若章句之句 九遇切 又音衢

矍 隹欲逸走也从又持之矍矍也讀若詩云穬彼淮夷之穬一曰視遽皃 九縛切

文二

雔 雙鳥也从二隹凡雔之屬皆从雔讀若醻 市流切

靃 飛聲也雨而雙飛者其聲靃然 呼郭切 雙 隹二枚也从雔又持之 所江切

文三

雥 羣鳥也从三隹凡雥之屬皆从雥 徂合切

䨇 鳥羣也从雥淵聲 烏玄切 雧 羣鳥在木上也从雥从木 秦入切 集 雧或省

文三 重一

目不正也从目失聲丑栗切

矇 童矇也一曰不明也从目蒙聲莫中切

眇 一目小也从目从少少亦聲亡沼切

眄 目偏合也一曰衺視也秦語从目丏聲莫甸切

⿰目各 眄也从目各聲盧各切

盲 目無牟子从目亡聲武庚切

⿰目咸 目陷也从目咸聲苦夾切

瞽 目但有眹也从目鼓聲公戶切

瞍 無目也从目叜聲穌后切

⿱𤇾目 惑也从目滎省聲戶扃切

睉 目小也从目坐聲臣鉉等曰案尚書元首叢脞哉叢脞猶細碎也今从肉非是昨禾切

⿰目叉 捾目也从目叉烏括切

睇 目小視也从目弟聲南楚謂眄曰睇特計切

瞚 開闔目數搖也从目寅聲臣鉉等曰今俗別作瞬非是舒問切

眙 直視也从目台聲丑吏切

眝 長眙也一曰張目也从目宁聲陟呂切

盻 恨視也从目兮聲胡計切

⿰目弗 目不明也从目弗聲普未切

文百十三　重八

瞼 目上下瞼也从目僉聲居奄切

眨 動目也从目乏聲側洽切

眭 深目也亦人姓从目圭聲許規切

眹 目精也从目㐱聲案勝字賸皆从朕聲疑古以朕爲眹直引切

眸 目童子也从目牟聲說文直作牟莫浮切

睚 目際也从目厓五隘切

文六　新附

䀠 左右視也从二目凡䀠之屬皆从䀠讀若拘又若良士瞿瞿　九遇切

⿱䀠𠂆 目圍也从䀠𠂆讀若書卷之卷古文以爲醜字居倦切

⿱䀠大 目衺也从䀠从大大人也舉朱切

文三

眉 目上毛也从目象眉之形上象額理也凡眉之屬皆从眉　武悲切

省 視也从眉省从屮臣鉉等曰屮通識也所景切

𡮐 古文从少从囧

文二　重一

盾 瞂也所以扞身蔽目象形凡盾之屬皆从盾　食閏切

瞂 盾也从盾犮聲扶發切

⿰盾圭 盾握也从盾圭聲苦圭切

文三

自 鼻也象鼻形凡自之屬皆从自　疾二切

𦣹 古文自

臱 宮不見也闕　武延切

文二　重一

白 此亦自字也省自者詞言之气从鼻出與口相助也凡白之屬皆从白　疾二切

皆 俱詞也从比从白 古諧切 魯 鈍詞也从白鮺省聲論語曰參也魯 郎古切 者 別事詞也从白𣥏聲𣥏古文旅字 之也切 𪞶

𪞶 詞也从白𠃧聲 智 識詞也从白从亏从知 知義切 𥏼 古文𥏼 百 十十也从一白數十百爲一貫相章也 博陌切 𦣻 古文百

文七 重二

鼻 引气自畀也从自畀凡鼻之屬皆从鼻 父二切

齅 以鼻就臭也从鼻从臭臭亦聲讀若畜牲之畜 許救切 鼾 臥息也从鼻干聲讀若汗 侯幹切 齂 臥息也从鼻隶聲讀若虺 許介切 鼽 病寒鼻窒也从鼻九聲 巨鳩切

文五

皕 二百也凡皕之屬皆从皕讀若祕 彼力切

奭 盛也从大从皕皕亦聲此燕召公名讀若郝史篇名醜 詩亦切 𡙁 古文奭

文二 重一

習 數飛也从羽从白凡習之屬皆从習 似入切

翫 習猒也从習元聲春秋傳曰翫歲而愒日 五換切

文二

羽 鳥長毛也象形凡羽之屬皆从羽 王矩切

[illegible]

[illegible]

[illegible]

[illegible]

[illegible]

[illegible]

[illegible]

目不正也从目失聲丑栗切 矇童矇也一曰不明也从目蒙聲莫中切 眇一目小也从目从少少亦聲亡沼切 眄目偏合也一曰衺視也秦語从目丏聲莫甸切 䀰眄也从目各聲盧各切 盲目無牟子从目亡聲武庚切 䁍目陷也从目咸聲苦夾切 瞽目但有眹也从目鼓聲公戶切 瞍無目也从目叜聲穌后切 ⿱𤇾目惑也从目滎省聲戶扃切 睉目小也从目坐聲臣鉉等曰案尚書元首叢脞哉叢脞猶細碎也今从肉非是昨禾切 ⿰目叉捾目也从目叉烏括切 睇目小視也从目弟聲南楚謂眄曰睇特計切 瞚開闔目數搖也从目寅聲臣鉉等曰今俗別作瞬非是舒閏切 眙直視也从目台聲丑吏切 眝長眙也一曰張目也从目宁聲陟呂切 盻恨視也从目兮聲胡計切 ⿱弗目目不明也从目弗聲普末切

文百十三　重八

瞼目上下瞼也从目僉聲居奄切 眨動目也从目乏聲側洽切 眭深目也亦人姓从目圭聲許規切 眹目精也从目关聲案勝字賸字皆从朕聲疑古以朕為眹直引切 眸目童子也从目牟聲說文直作牟莫浮切 睚目際也从目厓五隘切

文六　新附

䀠左右視也从二目凡䀠之屬皆从䀠讀若拘又若良士瞿瞿九遇切

⿰䀠丿目圍也从䀠丿讀若書卷之卷古文以為醜字居倦切 ⿱䀠大目衺也从䀠从大大人也舉朱切

文三

眉目上毛也从目象眉之形上象頟理也凡眉之屬皆从眉武悲切

文一

省視也从眉省从屮臣鉉等曰屮通識也所景切 𡔈古文从少从囧

文二　重一

盾瞂也所以扞身蔽目象形凡盾之屬皆从盾食閏切 瞂盾也从盾犮聲扶發切 ⿰盾圭盾握也从盾圭聲苦圭切

文三

自鼻也象鼻形凡自之屬皆从自疾二切 𦣹古文自 ⿱自丙宮不見也闕武延切

文二　重一

白此亦自字也省自者詞言之气从鼻出與口相助也凡白之屬皆从白疾二切

皆 俱詞也从比从白古諧切

魯 鈍詞也从白鮺省聲論語曰參也魯郎古切

者 別事詞也从白𣥒聲𣥒古文旅字之也切

𦤎 詞也从白𠃬聲𠃬與疇同虞書帝曰𦤎咨直由切

智 識詞也从白从亏从知知義切

𥏼 古文𥏼

百 十十也从一白數十百爲一貫相章也博陌切

𦣻 古文百从自

文七　重二

鼻 引气自畀也从自畀凡鼻之屬皆从鼻父二切

齅 以鼻就臭也从鼻从臭臭亦聲讀若畜牲之畜許救切

鼾 臥息也从鼻干聲讀若汗矦幹切

鼽 病寒鼻窒也从鼻九聲巨鳩切

𪖙 臥息也从鼻隶聲讀若虺許介切

文五

皕 二百也凡皕之屬皆从皕讀若祕彼力切

奭 盛也从大从皕皕亦聲此燕召公名讀若郝史篇名醜徐鍇曰史篇謂所作蒼頡十五篇也詩亦切

𡚁 古文奭

文二　重一

習 數飛也从羽从白凡習之屬皆从習似入切

翫 習猒也从習元聲春秋傳曰翫歲而愒日五換切

文二

羽 鳥長毛也象形凡羽之屬皆从羽王矩切

翨 鳥之彊羽猛者从羽是聲俱豉切

翰 天雞赤羽也从羽倝聲逸周書曰大翰若翬雉一名鷐風周成王時蜀人獻之矦幹切

翟 山雉尾長者从羽从隹徒歷切

翡 赤羽雀也出鬱林从羽非聲房味切

翠 青羽雀也出鬱林从羽卒聲七醉切

翦 羽生也一曰矢羽从羽前聲即淺切

翁 頸毛也从羽公聲烏紅切

翄 翼也从羽支聲施智切

𦐖 翄或从氏

[羽革] 翅也从羽革聲古翮切

翹 尾長毛也从羽堯聲渠遙切

翭 羽本也一曰羽初生皃从羽侯聲乎溝切

翮 羽莖也从羽鬲聲下革切

翑 羽曲也从羽句聲其俱切

𦐩 羽之𦐩風亦古諸侯也一曰射師从羽幵聲五計切

翥 飛舉也从羽者聲章庶切

翕 起也从羽合聲許及切

翾 小飛也从羽睘聲許緣切

翬 大飛也从羽軍聲一曰伊雒而南雉五采皆備曰翬詩曰如翬斯飛臣鉉等曰當从揮省許歸切

翏 高飛也从羽从㐱力救切

翩 疾飛也从羽扁聲芳連切

翜 捷也飛之疾也从羽夾聲讀若瀒一曰俠也山洽切

翊 飛皃从羽立聲與職切

𦐔 飛盛皃从羽从冃臣鉉等曰犯冃而飛是盛也土盍切

𦑹 飛盛皃从羽之聲侍之切

翱 翱翔也从羽皋聲五牢切

翔 回飛也从羽羊聲似羊切

翽 飛聲

[illegible]

文二　重一

皕　[illegible]

[illegible]　文二

鼻　[illegible]自畀[illegible]

文十　重一

[illegible]

也凡玄之屬皆从玄　胡涓切

𢆯 古文玄　玆 黑也从二玄春秋傳曰何故使吾水玆　子之切

文二　重一

玈 黑色也从玄旅省聲義當用黸洛乎切

文一　新附

予 推予也象相予之形凡予之屬皆从予　余呂切

舒 伸也从舍从予予亦聲一曰舒緩也傷魚切　幻 相詐惑也从反予周書曰無或譸張爲幻胡辦切

文三

放 逐也从攴方聲凡放之屬皆从放　甫妄切

敖 出游也从出从放五牢切　敫 光景流也从白从放讀若龠以灼切

文二

𠬪 物落上下相付也从爪从又凡𠬪之屬皆从𠬪

讀若詩摽有梅　平小切

爰 引也从𠬪从于籒文以爲車轅字羽元切　𤔔 治也幺子相亂𠬪治之也讀若亂同一曰理也徐鍇曰冂坰也界也郎段切　𤔔

古文𤔔　受 相付也从𠬪舟省聲殖酉切　𠬸 撮也从𠬪从己臣鉉等曰己者物也又爪掫取之指事力輟切　爭 引也从𠬪厂臣鉉等曰厂音曳𠬪二手也而曳之爭之道也側莖切　𤔌 所依據也从𠬪工讀與隱同於謹切　寽 五指持也从𠬪一聲讀若律呂戌切　敢 進取也从𠬪古聲古覽切　𣪏 籒文敢　𢽿 古文敢

文九　重三

𣦼 殘穿也从又从歺凡𣦼之屬皆从𣦼讀若殘　昨干切

㕡 溝也从𣦼从谷讀若郝呼各切　壑 㕡或从土　𣦻 奴探堅意也从𣦼从貝貝堅寶也讀若概古代切　𣦹 坑也从𣦼从井井亦聲疾正切　叡 深明也通也从𣦼从目从谷省以芮切　睿 古文叡　壡 籒文叡从土

文五　重三

歺 列骨之殘也从半冎凡歺之屬皆从歺讀若

櫱岸之櫱　徐鍇曰冎剔肉置骨也歺殘骨也故从半冎臣鉉等曰義不應有中一秦刻石文有之五割切

𣦵 古文歺　𣨙 病也从歺委聲於爲切　殙 瞀也从歺昏聲呼昆切　殰 胎敗也从歺賣聲徒谷切　歾 終也从歺勿聲莫勃切　𣧞 歾或从𠬸　𣨛 大夫死曰𣨛从歺卒聲子聿切　殊 死也从歺朱聲漢令曰蠻夷長有罪當殊之市朱切

殟 胎敗也从歺昷聲烏沒切 殤 不成人也人年十九至十六死爲長殤十五至十二死爲中殤十一至八歲死爲下殤从歺傷省聲式陽切 殂 往死也从歺且聲虞書曰勛乃殂昨胡切 𣦸 古文殂从歺从作 殛 殊也从歺亟聲虞書曰殛鯀于羽山己力切 殪 死也从歺壹聲於計切 𣩠 古文殪从死 𣨛 死宋䔒也从歺莫聲莫各切 殯 死在棺將遷葬柩賓遇之从歺从賓賓亦聲夏后殯於阼階殷人殯於兩楹之間周人殯於賓階必刃切 殔 瘞也从歺隶聲羊至切 殣 道中死人人所覆也从歺堇聲詩曰行有死人尚或殣之渠吝切 殠 腐气也从歺臭聲尺救切 殨 爛也从歺貴聲胡對切 𣦹 腐也从歺丂聲許久切 朽 𣦹或从木 殆 危也从歺台聲徒亥切 殃 咎也从歺央聲於良切 殘 賊也从歺戔聲昨干切 殄 盡也从歺㐱聲徒典切 𡿨 古文殄如此 殲 微盡也从歺韱聲春秋傳曰齊人殲于遂子廉切 殫 殛盡也从歺單聲都寒切 殬 敗也从歺睪聲商書曰彝倫攸殬當故切 𣩋 畜產疫病也从歺从羸郎果切 𣩳 殺羊出其胎也从歺豈聲五來切 𣦻 禽獸所食餘也从歺从肉昨干切 殖 脂膏久殖也从歺直聲常職切 𣧘 枯也从歺古聲苦孤切 𣧌 棄也从歺奇聲俗語謂死曰大𣧌去其切 文三十二 重六

死 澌也人所離也从歺从人凡死之屬皆从死息姊切 𣦵 古文死如此 薨 公侯殂也从死瞢省聲呼肱切 薧 死人里也从死蒿省聲呼毛切 𣩵 戰見血曰傷亂或爲惛死而復生爲𣩵从死次聲咨四切 文四 重一

冎 剔人肉置其骨也象形頭隆骨也凡冎之屬皆从冎古瓦切 𠛱 分解也从冎从刀憑列切 𠜱 別也从冎卑聲讀若罷府移切 文三

骨 肉之覈也从冎有肉凡骨之屬皆从骨古忽切 髑 髑髏頂也从骨蜀聲徒谷切 髏 髑髏也从骨婁聲洛侯切 髆 肩甲也从骨尃聲補各切 髃 肩前也从骨禺聲午口切 骿 并脅也从骨并聲晉文公骿脅臣鉉等曰骿胝字同今別作胼非部田切 髀 股也从骨卑聲并弭切 䯏 古文髀 髁 髀骨也从骨果聲苦臥切 𩪁 臀骨也从骨厥聲居月切 髖 髀上也从骨寬聲苦官切 髕 厀耑也从骨賓聲蒲忍切 骺 骨耑也从骨昏聲古活切 𩪆 厀脛閒骨也从骨貴聲丘媿切 骹 脛也从骨交聲口交切 骭 骹也从骨干聲

[illegible]

内 入也 从冂入 自外而入也 [illegible] 文三

[illegible]

入 [illegible] 也 [illegible] 凡入之屬皆从入

文四 重一

[illegible]

缶 [illegible] 也 [illegible] 文二十一 重 [illegible]

[illegible]

古案切　骸 脛骨也从骨亥聲戶皆切　髓 骨中脂也从骨𡍮聲息委切　𩪐 骨間黃汁也从骨易聲讀若易曰夕惕若厲他歷切
體 總十二屬也从骨豊聲他禮切　𩪓 痛病也从骨麻聲莫鄱切　骾 食骨留咽中也从骨叜聲古杏切　骼 禽獸之骨曰骼从骨各聲古覈切
骴 鳥獸殘骨曰骴骴可惡也从骨此聲明堂月令曰掩骼薶骴　胔 骴或从肉資四切　骫 骨耑骫奊也从骨丸聲於詭切
䯤 骨擿之可會髮者从骨會聲詩曰䯤弁如星古外切

文二十五　重一

肉 胾肉象形凡肉之屬皆从肉如六切
腜 婦始孕腜兆也从肉某聲莫桮切　肧 婦孕一月也从肉不聲匹桮切　胎 婦孕三月也从肉台聲土來切　肌 肉也从肉几聲居夷切
臚 皮也从肉盧聲力居切　膚 籒文臚　肫 面頯也从肉屯聲章倫切　䐈 頰肉也从肉幾聲讀若畿居衣切
脣 口耑也从肉辰聲食倫切　𦣍 古文脣从頁　脰 項也从肉豆聲徒候切　肓 心上鬲下也从肉亡聲春秋傳曰病在肓之下呼光切
腎 水藏也从肉臤聲時忍切　肺 金藏也从肉巿聲芳吠切　脾 土藏也从肉卑聲符支切　肝 木藏也从肉干聲古寒切
膽 連肝之府从肉詹聲都敢切　胃 穀府也从肉图象形云貴切　脬 膀光也从肉孚聲匹交切　腸 大小腸也从肉昜聲直良切

膏 肥也从肉高聲古勞切　肪 肥也从肉方聲甫良切　膺 胷也从肉雁聲於陵切　肊 胷骨也从肉乙聲於力切　臆 肊或从意
背 脊也从肉北聲補妹切　脅 兩膀也从肉劦聲虛業切　膀 脅也从肉旁聲步光切　髈 膀或从骨
脟 脅肉也从肉寽聲一曰脟腸間肥也一曰膫也力輟切　肋 脅骨也从肉力聲盧則切　胂 夾脊肉也从肉申聲矢人切
脢 背肉也从肉每聲易曰咸其脢莫桮切　肩 髆也从肉象形古賢切　肩 俗肩从戶　胳 亦下也从肉各聲古各切
胠 亦下也从肉去聲去劫切　臂 手上也从肉辟聲卑義切　臑 臂羊矢也从肉需聲讀若襦那到切　肘 臂節也从肉从寸寸手寸口也陟柳切
齎 朏齎也从肉齊聲徂兮切　腹 厚也从肉复聲方六切　腴 腹下肥也从肉臾聲羊朱切
脽 尻也从肉隹聲示隹切　𦙶 孔也从肉決省聲讀若決水之決古穴切　胯 股也从肉夸聲苦故切　股 髀也从肉殳聲公戶切
腳 脛也从肉卻聲居勺切　脛 胻也从肉巠聲胡定切　胻 脛耑也从肉行聲戶更切　腓 脛腨也从肉非聲符飛切
腨 腓腸也从肉耑聲市沇切　胑 體四胑也从肉只聲章移切　肢 胑或从支　胲 足大指毛也从肉亥聲古哀切
肖 骨肉相似也从肉小聲不似其先故曰不肖也私妙切　胤 子孫相承續也从肉从八象其長也从幺象重累也羊晉切　𦙍

[illegible]

冂 [illegible] 林外謂之冂象遠界也凡冂之屬皆从冂

文二十五　重一

[illegible]

古文胤
胄 胤也从肉由聲直又切
肸 振肸也从肉八聲許訖切
膻 肉膻也从肉亶聲詩曰膻裼暴虎徒旱切
䐢 益州鄙言人盛諱其肥謂之䐢从肉襄聲如兩切
⿰月皆 臞也从肉皆聲古諧切
臞 少肉也从肉瞿聲其俱切
脫 消肉臞也从肉兌聲徒活切
脙 齊人謂臞脙也从肉求聲讀若休止巨鳩切
臠 臞也从肉䜌聲一曰切肉臠也詩曰棘人臠臠兮力沇切
膌 瘦也从肉脊聲資昔切
𤻮 古文膌从疒从束束亦聲
脀 騃也从肉丞聲讀若丞署陵切
胗 脣瘍也从肉㐱聲之忍切
疹 籀文胗从疒
腄 瘢胝也从肉垂聲竹垂切
胝 腄也从肉氐聲竹尼切
肬 贅也从肉尤聲羽求切
黕 籀文肬从黑
肒 搔生創也从肉丸聲胡岸切
腫 癰也从肉重聲之隴切
胅 骨差也从肉失聲讀與跌同徒結切
脪 創肉反出也从肉希聲香近切
⿰月引 瘢也从肉引聲一曰遽也羊晉切
臘 冬至後三戌臘祭百神从肉巤聲盧盍切
膢 楚俗以二月祭飲食也从肉婁聲一曰祈穀食新曰離膢力俱切
朓 祭也从肉兆聲土了切
胙 祭福肉也从肉乍聲昨誤切
隋 裂肉也从肉从隓省徒果切
膳 具食也从肉善聲常衍切
腬 嘉善肉也从肉柔聲耳由切
肴 啖也从肉爻聲徐鍇曰謂已修庖之可食也胡茅切
腆 設膳腆腆多也从肉典聲他典切
𥀄 古文腆
腯 牛羊曰肥豕曰腯从肉盾聲他骨切
⿰月必 肥肉也从肉必聲蒲結切

胡 牛頷垂也从肉古聲户孤切
胘 牛百葉也从肉弦省聲胡田切
膍 牛百葉也从肉𣬈聲一曰鳥膍胵房脂切
肶 膍或从比
胵 鳥胃也从肉至聲一曰胵五藏總名也處脂切
膘 牛脅後髀前合革肉也从肉𤐫聲讀若繇敷紹切
⿰月帥 血祭肉也从肉帥聲呂戌切
膟 ⿰月帥或从率
膋 牛腸脂也从肉𤇾聲詩曰取其血膋洛蕭切
膫 膋或从勞省聲
脯 乾肉也从肉甫聲方武切
脩 脯也从肉攸聲息流切
膎 脯也从肉奚聲户皆切
脼 膎肉也从肉兩聲良切
膊 薄脯膊之屋上从肉尃聲匹各切
脘 胃府也从肉完聲讀若患舊云脯古卯切
朐 脯挺也从肉句聲其俱切
膴 無骨腊也楊雄說鳥腊也从肉無聲周禮有膴判讀若謨荒鳥切
胥 蟹醢也从肉疋聲相居切
腒 北方謂鳥腊曰腒从肉居聲傳曰堯如腊舜如腒九魚切
肍 孰肉醬也从肉九聲讀若舊巨鳩切
腝 有骨醢也从肉耎聲人移切
臡 腝或从難
脠 生肉醬也从肉延聲丑連切
⿰月否 豕肉醬也从肉否聲薄口切
胹 爛也从肉而聲如之切
⿰月員 切孰肉內於血中和也从肉員聲讀若遜穌本切
胜 犬膏臭也从肉生聲一曰不孰也桑經切
臊 豕膏臭也从肉喿聲穌遭切
膮 豕肉羹也从肉堯聲許幺切
腥 星見食豕令肉中生小息肉也从肉从星星亦聲穌佞切
脂 戴角者脂無角者膏从肉旨聲旨夷切
䐪 [illegible]也从肉貨聲穌果切
膩 上肥也从肉貳聲女利切
膜 肉間膜胲

也从肉莫聲慕各切

⿰肉弱 肉表革裏也从肉弱聲而勺切

臛 肉羹也从肉隺聲呼各切

臇 臛也从肉雋聲讀若纂子沇切

⿰肉雋 臇或从火巽

胾 大臠也从肉𢦏聲側吏切

⿰肉枼 薄切肉也从肉枼聲直葉切

膾 細切肉也从肉會聲古外切

腌 漬肉也从肉奄聲於業切

脃 小耎易斷也从肉从絕省此芮切

膬 耎易破也从肉毳聲七絕切

散 雜肉也从肉㪔聲穌旰切

膞 切肉也从肉專聲市沇切

腏 挑取骨間肉也从肉叕聲讀若詩曰啜其泣矣陟劣切

𦙍 食所遺也从肉仕聲易曰噬乾𦙍阻史切

胏 楊雄說𦙍从𠂔

⿰肉臽 食肉不猒也从肉臽聲讀若陷戶猎切

肰 犬肉也从肉犬讀若然如延切

⿰肉犬 古文肰

⿰肉犬 亦古文肰

䐜 起也从肉眞聲昌眞切

⿰肉冘 肉汁滓也从肉冘聲他感切

膠 昵也作之以皮从肉翏聲古肴切

𦝠 或曰嘼名象形闕郎果切

胆 蠅乳肉中也从肉且聲七余切

肙 小蟲也从肉口聲一曰空也烏玄切臣鉉等曰口音韋

腐 爛也从肉府聲扶雨切

肎 骨間肉肎肎箸也从肉从冎省一曰骨無肉也苦等切

⿱冎肉 古文肎

肥 多肉也从肉从卪臣鉉等曰肉不可過多故从卪符非切

文一百四十　重一

⿰肉啓 肥腸也从肉啓省聲康禮切

朘 赤子陰也从肉夋聲或从血子回切

腔 內空也从肉从空空亦聲苦江切

朐 朐䏰蟲名漢中有朐䏰縣地下多此蟲因以爲名从肉句聲考其義當作潤蠢如順切

䏰 朐䏰也从肉忍聲尺尹切

文五　新附

筋 肉之力也从肉从肉从竹竹物之多筋者

凡筋之屬皆从筋　居銀切

⿱𥫗⿰夗力 筋之本也从筋从夗省聲渠建切

腱 ⿱𥫗⿰夗力或从肉建

⿱𥫗⿰肉勹 手足指節鳴也从筋省勹聲北角切

肑 ⿱𥫗⿰肉勹或省竹

文三　重二

刀 兵也象形凡刀之屬皆从刀　都牢切

⿰缶刀 刀握也从刀缶聲方九切

⿰咢刀 刀劍刃也从刀咢聲臣鉉等曰今俗作鍔非是五各切

⿱⿰丰刀各 籀文⿰咢刀从㓞从各

削 鞞也一曰析也从刀肖聲息約切

⿰句刀 鎌也从刀句聲古侯切

剴 大鎌也一曰摩也从刀豈聲五來切

剞 剞⿰屈刀曲刀也从刀奇聲居綺切

⿰屈刀 剞⿰屈刀也从刀屈聲九勿切

利 銛也从刀和然後利从和省易曰利者義之和也力至切

⿰禾勿 古文利

剡 銳利也从刀炎聲以冉切

初 始也从刀从衣裁衣之始也楚居切

前 齊斷也从刀歬聲子善切

則 等畫物也从刀从貝貝古之物貨也子德切

⿰鼎刀 古文則

⿰鼎刀 亦古文則

⿰鼎刀 籀文則从鼎

剛 彊斷也从刀岡聲古郎切

⿰后刀 古文剛如此

剬 斷齊也从刀耑聲旨兗切

劊 斷也从刀會聲古外切

切 刌也从刀七聲千結切

刌 切也从刀寸聲倉本切

⿰辥刀 斷也从刀辥聲私列切

⿰气刀 劃傷

凡肉之屬皆从肉

也从刀气聲一曰斷也又讀若殪一曰刀不利於瓦石上刉之古外切
劌 利傷也从刀歲聲居衛切
刻 鏤也从刀亥聲苦得切
副 判也从刀畐聲周禮曰副辜祭芳逼切
疈 籀文副
剖 判也从刀咅聲浦后切
辨 判也从刀辡聲蒲莧切
判 分也从刀半聲普半切
剫 判也从刀度聲徒洛切
刳 判也从刀夸聲苦孤切
列 分解也从刀𡿪聲良辥切
刊 剟也从刀干聲苦寒切
删 剟也从刀册册書也所姦切
劈 破也从刀辟聲普擊切
剝 裂也从刀从录录刻割也录亦聲北角切
剝或从卜
割 剝也从刀害聲古達切
𠝫 剝也劃也从刀𠩺聲里之切
劃 錐刀曰劃从刀从畫畫亦聲呼麥切
劀 挑取也从刀矞聲一曰窒也烏玄切
劑 齊也从刀从齊齊亦聲在詣切
刷 刮也从刀𠭰省聲禮布刷巾所劣切
刮 掊把也从刀昏聲古八切
剽 砭刺也从刀㬱聲一曰剽劫人也匹妙切
刲 刺也从刀圭聲易曰士刲羊苦圭切
剿 絶也从刀喿聲周書曰天用剿絶其命子小切
刖 絶也从刀月聲魚厥切
刜 擊也从刀弗聲分勿切
剉 折傷也从刀坐聲麤臥切
㓷 傷也从刀桼聲親結切
劖 斷也从刀毚聲一曰剽也釗也鉏銜切
刓 剸也从刀元聲一曰齊也五丸切
釗 刓也从刀从金周康王名止遥切
制 裁也从刀从未未物成有滋味可裁斷一曰止也征例切
𠛐 古文制如此
㓵 缺也从刀占聲詩曰白圭之㓵丁念切

罰 辠之小者从刀从詈未以刀有所賊但持刀罵詈則應罰房越切
刵 斷耳也从刀从耳仍吏切
劓 刑鼻也从刀臬聲易曰天且劓魚器切
劓 臬或从鼻
刑 剄也从刀幵聲戶經切
剄 刑也从刀巠聲古零切
𠟭 減也从刀尊聲茲損切
魝 楚人謂治魚也从刀从魚讀若鍥古屑切
券 契也从刀𢍏聲券別之書以刀判契其旁故曰契券去願切
刺 君殺大夫曰刺刺直傷也从刀从朿朿亦聲七賜切
剔 解骨也从刀易聲他歷切

文六十四 重十

刎 剄也从刀勿聲武粉切
剜 削也从刀宛聲一丸切
劇 尤甚也从刀未詳豦聲渠力切
剎 柱也从刀未詳殺省聲初轄切

文四 新附

刃 刀堅也象刀有刃之形凡刃之屬皆从刃 而振切
刅 傷也从刃从一 楚良切
創 或从刀倉聲 臣鉉等曰今俗别作瘡非是也
劒 人所帶兵也从刃僉聲居欠切
劍 籀文劒从刀

文三 重二

㓞 巧㓞也从刀丰聲凡㓞之屬皆从㓞 恪八切

⿱㓞夬 齘⿱㓞夬刮也从㓞夬聲一曰⿱㓞夬畫堅也 古黠切

栔 刻也从㓞从木 苦計切

文三

丰 艸蔡也象艸生之散亂也凡丰之屬皆从丰讀若介 古拜切

辂 枝辂也从丰各聲 古百切

文二

耒 手耕曲木也从木推丰古者垂作耒梠以振民也凡耒之屬皆从耒 盧對切

耕 犂也从耒井聲一曰古者井田 古莖切

耦 耒廣五寸爲伐二伐爲耦从耒禺聲 五口切

耤 帝耤千畝也古者使民如借故謂之耤从耒昔聲 秦昔切

䎣 冊叉可以劃麥河内用之从耒圭聲 古攜切

⿰耒員 除苗間穢也从耒員聲 羽文切

⿰耒芸 ⿰耒員或从芸

耡 商人七十而耡耡耤稅也从耒助聲周禮曰以興耡利萌 牀倨切

文七　重一

角 獸角也象形角與刀魚相似凡角之屬皆从角 古岳切

䚠 揮角皃从角雚聲梁隱縣有䚠亭又讀若繏 況袁切

觻 角也从角樂聲張掖有觻得縣 盧谷切

䚡 角中骨也从角思聲 穌來切

觠 曲角也从角𠔉聲 巨員切

觬 角觬曲也从角兒聲西河有觬氏縣 研啓切

觢 一角仰也从角㓞聲易曰其牛觢 臣鉉等曰當从契省乃得聲 尺制切

⿰角虒 角傾也从角虒聲 敕豕切

觭 角一俛一仰也从角奇聲 去奇切

觓 角皃从角丩聲詩曰兕觵其觓 渠幽切

⿰角畏 角曲中也从角畏聲 烏賄切

⿰角爿 角長皃从角爿聲 士角切

⿰角厥 角有所觸發也从角厥聲 居月切

觸 抵也从角蜀聲 尺玉切

觲 用角低仰便也从羊牛角詩曰觲觲角弓 息營切

⿰角公 舉角也从角公聲 古雙切

觷 治角也从角學省聲 胡角切

衡 牛觸橫大木其角从角从大行聲詩曰設其楅衡 戶庚切

𠘻 古文衡如此

⿰角耑 角⿰角耑獸也狀似豕角善爲弓出胡休多國从角耑聲 多官切

觰 觰挐獸也从角者聲一曰下大者也 陟加切

觤 羊角不齊也从角危聲 過委切

觟 牝牂羊生角者也从角圭聲 下瓦切

觡 骨角之名也从角各聲 古百切

觜 鴟舊頭上角觜也一曰觜觿也从角此聲 遵爲切

解 判也从刀判牛角一曰解廌獸也 佳買切又戶賣切

觿 佩角銳耑

可以解結从角巂聲詩曰童子佩觿户圭切

觵 兕牛角可以飲者也从角黃聲其狀觵觵故謂之觵古橫切

觥 俗觵从光

觶 鄉飲酒角也禮曰一人洗舉觶觶受四升从角單聲臣鉉等曰當从戰省乃得聲之義切

𧣤 觶或从辰

觗 禮經觶

觛 小觶也从角旦聲徒旱切

觴 觶實曰觴虛曰觶从角𥏻省聲式陽切

𧣻 籒文觴从爵省

觚 鄉飲酒之爵也一曰觶受三升者謂之觚从角瓜聲古乎切

⿰角亘 角匕也从角亘聲讀若讙臣鉉等曰亘音宣俗作古鄧切篆文有異況袁切

⿰角敫 杖耑角也从角敫聲胡狄切

觼 環之有舌者从角夐聲古穴切

鐍 觼或从金矞

⿰角弱 調弓也从角弱省聲於角切

⿰角發 雉射收繁具也从角發聲方肺切

⿰角酋 雉射收繳具从角酋聲讀若鰌字秋切

觳 盛觵卮也一曰射具从角㱿聲讀若斛胡谷切

觱 羌人所吹角屠觱以驚馬也角𤇾聲𤇾古文誖字卑吉切

文三十九　重六

說文解字弟四下

說文解字弟四下

[illegible]

説文解字第五上

漢太尉祭酒許慎記

銀青光禄大夫守右散騎常侍上柱國東海縣開國子食邑五百戸臣徐鉉等奉

勑校定

六十三部 五百二十七文 重百二十二

凡七千二百七十三字

文十五新附

竹 冬生艸也象形下垂者箁箬也凡竹之屬皆从竹 陟玉切

箭 矢也从竹前聲子賤切 箘 箘簬也从竹囷聲一曰博棊也渠隕切 簬 箘簬也从竹路聲夏書曰惟箘簬楛洛故切 簵 古文簬从輅 筱 箭屬小竹也从竹攸聲先杳切 簜 大竹也从竹湯聲夏書曰瑶琨筱簜簜可爲幹筱可爲矢徒朗切 䈙 竹也从竹微聲無非切 ⿱竹𢼸 籒文从微省 筍 竹胎也从竹旬聲思允切 𥰡 竹萌也从竹怠聲徒哀切

箁 竹箬也从竹音聲薄侯切 箬 楚謂竹皮曰箬从竹若聲而勺切 節 竹約也从竹即聲子結切 筡 折竹笢也从竹余聲讀若絮同都切 䉋 筡也从竹彌聲武移切 笢 竹膚也从竹民聲武盡切 笨 竹裹也从竹本聲布忖切 䈵 竹皃从竹翁聲烏紅切 篸 差也从竹參聲所今切 篆 引書也从竹彖聲持兖切 籀 讀書也从竹擂聲春秋傳曰卜籀云直又切

篇 書也一曰關西謂榜曰篇从竹扁聲芳連切 籍 簿書也从竹耤聲秦昔切 篁 竹田也从竹皇聲户光切 䈇 剖竹未去節謂之䈇从竹將聲即兩切 籥 書僮竹笘也从竹龠聲以灼切 籣 竹聲也从竹劉聲力求切 簡 牒也从竹閒聲古限切 笐 竹列也从竹亢聲古郎切 篰 滿爰也从竹部聲薄口切 等 齊簡也从竹从寺寺官曹之等平也多肯切 笵 法也从竹竹簡書也氾聲古法有竹刑防𠙵切 箋 表識書也从竹戔聲則前切 符 信也漢制以竹長六寸分而相合从竹付聲防無切 筮 易卦用蓍也从竹从𢍰𢍰古文巫字時制切 笄 簪也从竹幵聲古兮切 𥬜 取蟣比也从竹𦣝聲居之切

籆 收絲者也从竹蒦聲王縛切 𧣍 籆或从角从閒 筳 維絲筦也从竹廷聲特丁切 筦 孳也从竹完聲古滿切

[illegible]

文十五 新附

十四部 六百七十二文 重八十一

凡萬六百三十九字

[illegible]

說文解字弟一下

筟筳也从竹孚聲讀若春秋魯公子彄芳無切 笮迫也在瓦之下棼上从竹乍聲阻厄切 簾堂簾也从竹廉聲力鹽
切 簀牀棧也从竹責聲阻厄切 笫牀簀也从竹𠂔聲阻史切 筵竹席也从竹延聲周禮曰度堂以筵筵一丈以然切 簟
竹席也从竹覃聲徒念切 籧籧篨粗竹席也从竹遽聲彊魚切 篨籧篨也从竹除聲直魚切 籭竹器也可以取粗去
細从竹麗聲所宜切 籓大箕也从竹潘聲一曰蔽也甫煩切 籅漉米籔也从竹奧聲於六切 籔炊籅也从竹數聲蘇后切 箅
蔽也所以蔽甑底从竹畀聲必至切 ⿱竹稍飯筥也受五升从竹稍聲秦謂筥曰⿱竹稍山樞切 䈰陳留謂飯帚曰䈰从竹捎聲一曰飯器容五升一
曰宋魏謂箸筩爲䈰所交切 筥𥫗也从竹呂聲居許切 笥飯及衣之器也从竹司聲相吏切 簞笥也从竹單聲漢律令
簞小筐也傳曰簞食壺漿都寒切 簁簁箄竹器也从竹徙聲所綺切 箄簁箄也从竹卑聲并弭切 篿圜竹器也从竹專聲
度官切 箸飯攲也从竹者聲陟慮切又遲倨切 簍竹籠也从竹婁聲洛侯切 筤籃也从竹良聲盧黨切 籃大篝也从
竹監聲魯甘切 𥫱古文籃如此 篝笿也可熏衣从竹冓聲宋楚謂竹篝牆以居也古侯切 笿桮笿也从竹各聲盧各切 ⿱竹夅
桮笿也从竹夅聲或曰盛箸籠古送切 籢鏡籢也从竹斂聲力鹽切 籫竹器也从竹贊聲讀若纂一曰叢作管切 籯笭也
从竹嬴聲以成切 ⿱竹刪竹器也从竹刪聲蘇旰切 簋黍稷方器也从竹从皿从皀居洧切 匭古文簋从匚飢 𠥲古文簋或
从軌 朹亦古文簋 簠黍稷圜器也从竹从皿甫聲方矩切 医古文簠从匚从夫 籩竹豆也从竹邊聲布玄切
𠥏籀文籩 ⿱竹屯篅也从竹屯聲徒損切 篅以判竹圜以盛穀也从竹耑聲市緣切 簏竹高篋也从竹鹿聲盧谷切
箓簏或从录 簜大竹筩也从竹昜聲徒朗切 筩斷竹也从竹甬聲徒紅切 箯竹輿也从竹便聲旁連切 笯鳥籠
也从竹奴聲乃故切 竿竹梃也从竹干聲古寒切 籱罩魚者也从竹靃聲竹角切 籗籱或省 箇竹枚也从竹固聲古
賀切 筊竹索也从竹交聲胡茅切 筰筊也从竹作聲在各切 ⿱竹沾蔽絮簀也从竹沾聲讀若錢昨鹽切 箑扇也从竹
疌聲山洽切 ⿱竹妾箑或从妾 籠舉土器也一曰笭也从竹龍聲盧紅切 ⿱竹襄袌也从竹襄聲如兩切 ⿱竹互可以收繩也从竹象
形中象人手所推握也胡誤切 互⿱竹互或省 簝宗廟盛肉竹器也从竹尞聲周禮供盆簝以待事洛蕭切 ⿱竹豦飲牛筐也从竹
豦聲方曰筐圜曰⿱竹豦居許切 篼飲馬器也从竹兜聲當侯切 籚積竹矛戟矜也从竹盧聲春秋國語曰朱儒扶籚洛乎切 箝
籋也从竹拑聲巨淹切 籋箝也从竹爾聲臣鉉等曰爾非聲未詳尼輒切 簦笠蓋也从竹登聲都滕切 笠簦無柄也从竹立聲

[illegible]

刀入切　箱大車牝服也从竹相聲息良切　篚車笭也从竹匪聲敷尾切　笭車笭也从竹令聲一曰笭籯也郎丁切　䈴搔馬也从竹剡聲丑廉切　策馬箠也从竹朿聲楚革切　箠擊馬也从竹垂聲之壘切　⿱⺮朵箠也从竹朵聲陟瓜切　笍羊車騶箠也箸箴其耑長半分从竹内聲陟衛切　籣所以盛弩矢人所負也从竹闌聲洛干切　箙弩矢箙也从竹服聲周禮仲秋獻矢箙房六切　⿱⺮朱棒雙也从竹朱聲陟輸切　笘折竹箠也从竹占聲潁川人名小兒所書寫爲笘失廉切　笪笞也从竹旦聲當割切　笞擊也从竹台聲丑之切　籤驗也一曰銳也貫也从竹韱聲七廉切　⿱⺮殿榜也从竹殿聲臣鉉等曰當从臀省聲徒魂切　箴綴衣箴也从竹咸聲職深切　箾以竿擊人也从竹削聲虞舜樂曰箾韶所角切又音簫　竽管三十六簧也从竹亏聲羽俱切　笙十三簧象鳳之身也笙正月之音物生故謂之笙大者謂之巢小者謂之和从竹生聲古者隨作笙所庚切　簧笙中簧也从竹黃聲古者女媧作簧戶光切　⿱⺮是簧屬从竹是聲是支切　簫參差管樂象鳳之翼从竹肅聲穌彫切　筒通簫也从竹同聲徒弄切　籟三孔龠也大者謂之笙其中謂之籟小者謂之箹从竹賴聲洛帶切　箹小籟也从竹約聲於角切　管如篪六孔十二月之音物開地牙故謂之管从竹官聲古滿切　琯古者玉琯以玉舜之時西王母來獻其白琯前零陵文學姓奚於伶道舜祠下得笙玉琯夫以玉作音故神人以和鳳皇來儀也从玉官聲　篎小管謂之篎从竹眇聲亡沼切　笛七孔筩也从竹由聲羌笛三孔徐鍇曰當从胄省乃得聲徒歷切　筑以竹曲五弦之樂也从竹从巩巩持之也竹亦聲張六切　箏鼓弦竹身樂也从竹爭聲側莖切　箛吹鞭也从竹孤聲古乎切　篍吹筩也从竹秋聲七肖切　籌壺矢也从竹壽聲直由切　簺行棊相塞謂之簺从竹从塞塞亦聲先代切　簙局戲也六箸十二棊也从竹博聲古者烏胄作簙補各切　篳藩落也从竹畢聲春秋傳曰篳門圭窬卑吉切　䉛蔽不見也从竹愛聲烏代切　⿱⺮嚴惟射所蔽者也从竹嚴聲語杴切　篽禁苑也从竹御聲春秋傳曰澤之目篽魚舉切　⿰魚又篽或从又魚聲　筭長六寸計歷數者从竹从弄言常弄乃不誤也蘇貫切　算數也从竹从具讀若筭蘇管切　笑此字本闕臣鉉等案孫愐唐韻引說文云喜也从竹从犬而不述其義今俗皆从犬又案李陽冰刊定說文从竹从夭義云竹得風其體夭屈如人之笑未知其審私妙切

文百四十四　重十五

簃閣邊小屋也从竹移聲說文通用誃弋支切　筠竹皮也从竹均聲王春切　笏公及士所搢也从竹勿聲案籀文作㫚象形義云佩也古笏佩之此字後人所加呼骨切　篦導也今俗謂之篦从竹毘聲邊兮切　篙所以進船也从竹高聲古牢切

文五　新附

皆从巫。武扶切
𢓉 古文巫。覡 能齋肅事神明也。在男曰覡，在女曰巫。从巫从見。徐鍇曰：能見神也。胡狄切　文二　重一
甘 美也。从口含一。一，道也。凡甘之屬皆从甘。古三切
甛 美也。从甘从舌。舌，知甘者。徒兼切 𤯷 和也。从甘从麻。麻，調也。甘亦聲。讀若函。古三切 猒 飽也。从甘从肰。於鹽切 𤯌
猒或从㠯。甚 尤安樂也。从甘从匹。匹，耦也。常枕切 𠤔 古文甚。　文五　重二
曰 詞也。从口乙聲。亦象口气出也。凡曰之屬皆从曰。王代切
𠕋 告也。从曰从冊，冊亦聲。楚革切 曷 何也。从曰匃聲。胡葛切 曶 出气詞也。从曰，象气出形。春秋傳曰：鄭太子曶。呼骨切 𦣞
籒文曶。一曰佩也。象形。朁 曾也。从曰兓聲。詩曰：朁不畏明。臣鉉等曰：今俗有昝字，蓋朁之譌。七感切 沓 語多沓沓也。从水从曰。
遼東有沓縣。臣鉉等曰：語多沓沓，若水之流，故从水。會意。徒合切 𣍘 獄之兩曹也。在廷東。从棘，治事者从曰。徐鍇曰：以言詞治獄也，故从曰。
昨牢切　文七　重一

乃 曳詞之難也。象气之出難。凡乃之屬皆从乃。奴亥切。臣鉉等曰：今隸書作乃。
𠄎 古文乃。𠄔 籒文乃。卤 驚聲也。从乃省，西聲。籒文卤不省。或曰卤，往也。讀若仍。臣鉉等曰：西非聲，未詳。如乘切
𠧪 古文卤。卣 气行皃。从乃卤聲。讀若攸。以周切　文三　重三
丂 气欲舒出。勹上礙於一也。丂，古文以爲亏字，
又以爲巧字。凡丂之屬皆从丂。苦浩切
甹 亟詞也。从丂从由。或曰甹，俠也。三輔謂輕財者爲甹。臣鉉等曰：由用也。任俠用气也。普丁切 寧 願詞也。从丂寍聲。奴丁切
𠀁 反丂也。讀若呵。虎何切　文四
可 肎也。从口丂，丂亦聲。凡可之屬皆从可。肯我切

[illegible]

四

[illegible]

奇 異也一曰不耦从大从可渠羈切 哿 可也从可加聲詩曰哿矣富人古我切 哥 聲也从二可古文以爲謌字古俄切 文四
叵 不可也从反可普火切 文一 新附
兮 語所稽也从丂八象气越亏也凡兮之屬皆
从兮胡雞切
㝒 驚辭也从兮旬聲思允切 㥧 㝒或从心 羲 气也从兮義聲許羈切 乎 語之餘也从兮象聲上越揚之形也戶吳切
文四 重一
号 痛聲也从口在丂上凡号之屬皆从号胡到切
號 呼也从号从虎乎刀切 文二
亏 於也象气之舒亏从丂从一一者其气平之也凡
亏之屬皆从亏羽俱切今變隸作于
虧 气損也从亏雐聲去爲切 虧 虧或从兮 粤 亏也審慎之詞者从亏从寀周書曰粤三日丁亥王伐切 吁 驚語也从口
从亏亏亦聲臣鉉等案口部有吁此重出況于切 平 語平舒也从亏从八八分也爰禮說符兵切 𠀤 古文平如此
文五 重二
旨 美也从甘匕聲凡旨之屬皆从旨職雉切
𣅀 古文旨 嘗 口味之也从旨尚聲市羊切 文二 重一
喜 樂也从壴从口凡喜之屬皆从喜虛里切
歖 古文喜从欠與歡同 憙 說也从心从喜喜亦聲許記切 嚭 大也从喜否聲春秋傳吳有太宰嚭匹鄙切
文三 重一
壴 陳樂立而上見也从屮从豆凡壴之屬皆从
壴中句切

[illegible] 文四

叵 不可也从反可 [illegible] 文一 [illegible]

兮 語所稽也从丂八象气越亏也凡兮之屬皆从兮

[illegible]

[illegible]

文四 重一

号 痛聲也从口在丂上凡号之屬皆从号

號 [illegible] 文二

亏 於也象气之舒亏从丂从一一者其气平之也凡亏之屬皆从亏

[illegible]

[illegible]

[illegible]

文五 重二

旨 美也从甘匕聲凡旨之屬皆从旨

[illegible] 文二 重一

喜 樂也从壴从口凡喜之屬皆从喜

[illegible]

文三 重一

壴 陳樂立而上見也从屮从豆凡壴之屬皆从壴

[illegible]

立也从壴从寸持之也讀若駐常句切

鼜 夜戒守鼓也从壴蚤聲禮昏鼓四通爲大鼓夜半三通爲戒晨旦明五通爲發明讀若戚倉歷切

彭 鼓聲也从壴彡聲臣鉉等曰當从形省乃得聲薄庚切

嘉 美也从壴加聲古牙切

文五

鼓 郭也春分之音萬物郭皮甲而出故謂之鼓从壴支象其手擊之也周禮六鼓靁鼓八面靈鼓六面路鼓四面鼖鼓皋鼓晉鼓皆兩面凡鼓之屬皆从鼓 徐鍇曰郭者覆冒之意工戶切

鼓 籒文鼓从古聲

鼖 大鼓謂之鼖鼖八尺而兩面以鼓軍事从鼓賁省聲符分切

鞼 鼖或从革賁不省

鼛 大鼓也从鼓咎聲詩鼛鼓不勝古勞切

鼙 騎鼓也从鼓卑聲部迷切

⿰鼓隆 鼓聲也从鼓隆聲徒冬切

鼘 鼓聲也从鼓淵聲詩曰鼗鼓鼘鼘烏玄切

鼞 鼓聲也从鼓堂聲詩曰擊鼓其鼞土郎切

⿰鼓合 鼓聲也从鼓合聲徒合切

鞈 古文⿰鼓合从革

⿰鼓咠 鼓無聲也从鼓咠聲他叶切

⿰鼓缶 鼓鼙聲从鼓缶聲土盍切

文十 重三

豈 還師振旅樂也一曰欲也登也从豆微省聲凡豈之屬皆从豈墟喜切

愷 康也从心豈豈亦聲苦亥切

⿰豈幾 訖事之樂也从豈幾聲臣鉉等曰說文無幾字从幾从气義無所取當是訖字之誤渠稀切

文三

豆 古食肉器也从口象形凡豆之屬皆从豆徒候切

𣅜 古文豆

梪 木豆謂之梪从木豆徒候切

⿱丞豆 蠡也从豆蒸省聲居隱切

⿱𢍏豆 豆屬从豆𢍏聲居倦切

⿱夗豆 豆飴也从豆夗聲一丸切

⿱⿰肉廾豆 禮器也从廾持肉在豆上讀若鐙同都滕切

文六 重一

豊 行禮之器也从豆象形凡豊之屬皆从豊讀與禮同盧啓切

豑 爵之次弟也从豊从弟虞書曰平豑東作直質切

文二

豐 豆之豐滿者也 从豆象形 一曰鄉飲酒有豐侯者

凡豐之屬皆从豐

文二 重一

䖒 古陶器也 从豆虍聲 凡䖒之屬皆从䖒

文三

虍 虎文也 象形 凡虍之屬皆从虍

文九 重三

虎 山獸之君 从虍 虎足象人足 象形 凡虎之屬皆从虎

文十五 重二

虤 虎怒也 从二虎 凡虤之屬皆从虤

文二

文三

皿飯食之用器也象形與豆同意凡皿之屬皆从皿讀若猛武永切

盂飯器也从皿亏聲羽俱切 盌小盂也从皿夗聲烏管切 盛黍稷在器中以祀者也从皿成聲氏征切 齍黍稷在器以祀者从皿齊聲即夷切 𥁕小甌也从皿有聲讀若灰一曰若賄于救切 䀁𥁕或从右 盧飯器也从皿𪏮聲洛乎切 𥃝籒文盧 𥂴器也从皿从缶古聲公戶切 盄器也从皿弔聲止遙切 盎盆也从皿央聲烏浪切 𤭛盎或从瓦 盆盎也从皿分聲步奔切 䀇器也从皿宁聲直呂切 盨𣝗盨負戴器也从皿須聲相庾切 𥃓器也从皿漻聲古巧切 𥁑械器也从皿必聲彌畢切 醯酸也作醯以𤅢以酒从𤅢酒並省从皿皿器也呼雞切 盉調味也从皿禾聲戶戈切 益饒也从水皿皿益之意也伊昔切 盈滿器也从皿夃臣鉉等曰夃古乎切益多之義也古者以買物多得爲夃故从夃以成切 盡器中空也从皿㶳聲慈刃切 盅器虛也从皿中聲老子曰道盅而用之直弓切 盦覆蓋也从皿酓聲臣鉉等曰今俗别作罯非是烏合切 温仁也从皿以食囚也官溥說烏渾切 盥澡手也从臼水臨皿春秋傳曰奉匜沃盥古玩切 盪滌器也从皿湯聲徒朗切

盋盋器盂屬从皿犮聲或从金从本北末切

文二十五 重三

文一 新附

凵凵盧飯器以柳爲之象形凡凵之屬皆从凵去魚切 𥬳凵或从竹去聲

文一 重一

去人相違也从大凵聲凡去之屬皆从去丘據切

朅去也从去曷聲丘竭切 𠫦去也从去夌聲讀若陵力膺切

文三

血祭所薦牲血也从皿一象血形凡血之屬皆从血呼決切

衁血也从血亡聲春秋傳曰士刲羊亦無衁也呼光切 衃凝血也从血不聲芳桮切 𧖧气液也从血𦘔聲將鄰切 䘒定息也从血甹省聲讀若亭特丁切 衄鼻出血也从血丑聲女六切 𧗦腫血也从血農省聲奴冬切 膿俗𧗦从肉農聲 𧗞血醢也从血肬聲禮記有監醢以牛乾脯粱䊤鹽酒也臣鉉等曰肬肉汁滓也故从肬肬亦聲他感切 𧗎醢也从血菹聲側余

切䀋䀋或从缶𧗾以血有所刏涂祭也从血幾聲渠稀切卹憂也从血卩聲一曰鮮少也徐鍇曰𠕁者言憂之切至也辛聿切衋傷痛也从血聿皕聲周書曰民罔不衋傷心許力切衉羊凝血也从血臽聲苦紺切𧗰衉或从贛盇覆也从血大臣鉉等曰大象盇覆之形胡臘切衊污血也从血蔑聲莫結切

文十五　重三

丶有所絶上丶而識之也凡丶之屬皆从丶却庾切

主鐙中火主也从𡈼象形从丶丶亦聲臣鉉等曰今俗别作炷非是之庾切咅相與語唾而不受也从丶从否否亦聲天口切㰯咅或从豆从欠

文三　重一

說文解字第五上

鐘[illegible]字[illegible]卷[illegible]

文三　重一

[illegible]

宀 [illegible]凡宀之屬皆从宀[illegible]

[illegible]

文十五　重三

[illegible]

[illegible]